VIEL GLÜCK
MENU
2005

FROHES FEST
MONIQUE

Pia Pedevilla

Meine Lieblings-Bastelideen

Mit Papier, Holz und Windowcolor
für die ganze Familie

INHALTSVERZEICHNIS

3 VORWORT

4 INTERVIEW

8 MEINE BESTEN BASTELTIPPS

10 MIT PIA DURCHS JAHR
10 Osterhase und Küken ⊙⊙
12 Niedliche Küken ⊙
14 Glücksbringer ⊙⊙
16 Fleißige Insekten ⊙
18 Buntes Treiben am Teich ⊙
20 Bunte Fische ⊙
22 Naturkerlchen ⊙
24 Verspielte Hexenkinder ⊙⊙
26 Vogelscheuche ⊙⊙⊙
28 Freche Kürbisse ⊙
30 Eichhörnchen & Zwerg ⊙⊙
32 Gruselige Zeiten ⊙⊙
34 Der Schneemann und seine Freunde ⊙⊙
36 Rudi Rentier und seine Freunde ⊙
38 Engelchen ⊙⊙
40 Der Weihnachtsmann hat's eilig! ⊙⊙⊙
42 Eisbärchen ⊙
44 Kecke Glücksboten ⊙

46 DEKORATIVES FÜRS HAUS
46 Mediterranes Flair ⊙⊙
48 Katz' und Maus ⊙⊙
50 Herzchen-Allerlei ⊙⊙⊙
52 Badezimmer-Entchen ⊙⊙
54 Witzige Uhr ⊙⊙

56 HITS FÜR KIDS
56 Mädchen und Junge ⊙⊙
58 Lichtschäfchen ⊙⊙
60 Lustige Namen ⊙
62 Gespenst ⊙⊙

64 VORLAGEN

80 IMPRESSUM

Meine Lieblings-Bastelideen

Mein erstes Buch erschien 1994 im frechverlag, ich zeigte damals Seidenmalerei fürs Kinderzimmer. Seither sind über 50 Bücher hinzugekommen und die Materialien haben sich verändert: hauptsächlich arbeite ich heute mit Papier, denn Ideen lassen sich damit schnell umsetzen und wenn man es mit Buntstiften bemalt und mit Abstandshaltern zusammenklebt, wirkt es schön plastisch. Viele meiner Lieblingsmotive sind aus Papier entstanden: lustige Fensterbilder durchs Jahr ebenso wie kleine Dekorationen für den Tisch und Geschenk-Ideen.

Als Kind habe ich gerne mit Naturmaterialien gebastelt, die ich auf Spaziergängen mit meinen Cousinen im Wald gesammelt habe. – Die Liebe dazu ist geblieben, das Entwerfen von Eichelmännchen & Co. macht mir noch heute großen Spaß. Auch solche kleinen Ideen, die vor allem Kindern Freude machen, finden Sie hier.

Natürlich fehlen auch die beliebten Materialien Holz, Windowcolor, Tontöpfe, Wäscheklammern und Pappmaché nicht, aus denen Wohnraumdekorationen, Geschenke und Spielzeug entstehen.

Ich wünsche Ihnen viel Freude beim Basteln!

Ihre

„Ich möchte meine Lebensfreude weitergeben"

So denkt, arbeitet und lebt Pia Pedevilla

Ein Leben lang Kind bleiben dürfen, das ist eines der Geheimnisse der sympathischen Designerin und Buchautorin Pia Pedevilla, die trotz ihres Erfolges bescheiden geblieben ist, für die Kreativität Lebenselexier ist und die sich ein Leben ohne ihre Arbeit gar nicht vorstellen kann.
Im idyllischen, beschaulichen Städtchen Bruneck in Südtirol, Italien, lebt und arbeitet sie unermüdlich und hat inzwischen mehr als 50 Bücher, Malvorlagen und Malbücher im frechverlag veröffentlicht. Vor zehn Jahren ist ihr erstes Buch „Bunte Kinderwelt auf Seide" erschienen. Im Gespräch mit dem frechverlag gewährt sie Einblicke in ihre Arbeit und ihr Leben.

Zu ihrer Mutter Maria hat die Autorin noch heute ein inniges Verhältnis

Sie wirken immer so fröhlich, entspricht das Ihrem Charakter?

Ja, ich bin ein optimistischer Mensch, der viel lacht, mit seinem Leben zufrieden ist und die Arbeit als Motor betrachtet. Wahrscheinlich bin ich eine typische Italienerin: gesellig und gerne mit Freunden zusammen.

Haben Sie ein Lebensmotto?

Ich will es mal so formulieren: Wenn ich falle, stehe ich gleich wieder auf und versuche in jeder Situation das Positive zu sehen. So war ich schon als Kind.

Aufgewachsen in einem kleinen Dorf im Gardertal, spricht Pia Pedevilla neben ihrer Muttersprache Ladinisch noch Italienisch und Deutsch; und sie ist stolz darauf, zur sprachlichen Minderheit der Ladiner zu gehören. Da ihre Mutter als Alleinerziehende hart arbeiten musste, um über die Runden zu kommen, verbrachte Pia ihre Kindheit größtenteils bei einer fremden Familie, in der sie sich aber bald sehr wohl fühlte.

Als Sie Ihren ersten Vertrag beim frechverlag unterschrieben haben, soll man gesagt haben „Schließen Sie schnell die Türen zu, bevor sie uns entwischen kann". Wie war das damals mit Ihrem Start als Autorin?

Ich habe früher viele Bastelbücher gekauft und hegte irgendwann den Wunsch, selbst Bücher zu machen. Also hinterließ ich bei nächster Gelegenheit einen Prospekt meiner Arbeiten beim Messestand des frechverlags und bewarb mich als Autorin. Es folgte die Einladung zu einem Gespräch nach Stuttgart, bei dem der Marketingleiter nur einen Blick auf meine Zeichnungen warf, und noch am gleichen Tag unterschrieb ich meinen ersten Vertrag als Kreativbuchautorin. Dass man mich sogar hätte einschließen wollen, erfuhr ich erst Jahre später.

Was reizt sie an der Autorentätigkeit?

Mir gefällt der Gedanke, dass mehr als eine Million Menschen meine Bücher gekauft haben. Dabei ist es nicht in erster Linie das Geld, das mich antreibt. Viel wichtiger ist mir, dass die Leute Spaß an meinen Ideen haben.

Über eine Million Bücher in neun Sprachen – haben Sie eine Erklärung für Ihren Erfolg?

Natürlich wollte ich schon immer gute Arbeit abliefern. Und auch wenn ich anfangs nicht so erfolgreich war, bin ich mir und meinem Stil immer treu geblieben. An meinen Zeichnungen arbeite ich solange, bis sie harmonisch sind, mir in Form und Farbe gefallen. Über die Jahre hat sich mein Stil nicht geändert, aber alles ist feiner geworden.

Gibt es etwas, worauf Sie beim Arbeiten besonderen Wert legen?

Ich möchte meine Lebensfreude weitergeben. Meine Figuren lachen oft, sie sind keck, manchmal auch frech; die Kinder würden sagen „cool". Ich entwerfe für Kinder und ihre Mütter. Beim Spielzeugmachen haben wir immer gesagt: „Es muss sich direkt an das Herz richten." Deshalb halten meine Figuren ihre Köpfchen schräg, lachen mit schiefen Mündern und

Pia Pedevilla mit ihrer besten Freundin beim Wandern in den Bergen des heimatlichen Gardertals

Pia Pedevilla beim Gestalten der mit dem argentinischen Cartoonisten Guillermo Mordillo entworfenen Spielzeugkollektion, ein Meilenstein ihrer Karriere

haben lustige Wackelbeine. Ich mag das Spielerische und verspüre den Wunsch, ein Leben lang Kind bleiben zu dürfen.

1991 haben Sie sich als bereits anerkannte Designerin selbstständig gemacht. Was gab den Ausschlag dafür?

Es war ein Zufall. Ich hatte viele Jahre als Kunst- und Werklehrerin unterrichtet und entwarf nebenbei Spielzeug aus Holz und Stoff für einen italienischen Spielzeughersteller. Hinzu kam die Zusammenarbeit mit zwei Südtiroler Zeitungen, für die ich die Kinderseite gestaltet habe. Irgendwann wusste ich nicht mehr, wie ich alles unter einen Hut bringen sollte und machte mich selbstständig. Zu dem Zeitpunkt bekam ich auch die Chance, mit dem argentinischen Cartoonisten Guillermo Mordillo zwei Spielzeugkollektionen umzusetzen.

Auch anderes zählte in die Entscheidung hinein: Ihr Lebensgefährte arbeitete im Ausland und reiste viel, sie wollte freier sein, um ihn begleiten zu können. Außerdem könne sie ja überall arbeiten, denn ihr Werkzeug seien ihre Hände und ihr Kopf – die habe sie immer dabei. Noch heute genießt sie die Freiheit, nach pausenloser Arbeit zwei Monate lang Urlaub zu machen. Geregelte Arbeitszeiten kann sie sich nicht vorstellen.

Inspirationen findet die Designerin überall in der Welt – hier hält sie ihre Eindrücke in Indien im Skizzenbuch fest

Wie muss man sich Ihren Alltag vorstellen?

Hauptsächlich mache ich Bücher, entwerfe aber auch Teppichkollektionen, Lichtobjekte und didaktische Spiele. Vor kurzem habe ich mich mit der Gestaltung von Schildern an einem Projekt zur Sicherheit von Schulkindern auf Straßen beteiligt. Gerade bereite ich mit einer Gruppe ladinischer Frauen einen Kunsthandwerkermarkt vor. Der Erlös soll Mädchen in Afrika eine handwerkliche Ausbildung ermöglichen.

Mittlerweile unterrichtet Pia Pedevilla wieder – als freie Dozentin. Zwei Monate im Jahr gibt sie Fortbildungskurse für Werklehrer und interessierte Frauen. Wenn sie mit ihnen zusammen ist, spüre sie weder die Zeit noch Müdigkeit. Erst gestern seien aus drei Stunden Unterricht wieder fünf geworden.

Das klingt, als würden Sie nur arbeiten, bleibt Ihnen überhaupt noch Zeit für Hobbys?

Wann immer ich Zeit habe, fahre ich weg: In nahezu alle europäischen Länder, nach China, Indien oder Afrika um nur einige Ziele zu nennen. In meiner Heimat haben es mir die Toskana, Capri und Sardinien angetan. Am liebsten bin ich ein bis zwei Monate unterwegs. Bleibe ich doch einmal

Weltenbummler Pia Pedevilla lernt auf ihren Reisen nicht nur Land, sondern auch Leute kennen

Am Schreibtisch mit Blick auf den geliebten Garten werden aus Ideen farbenfrohe Bastelarbeiten für ein großes Publikum

zu Hause, zieht es mich in die Natur. Ich bin zwar nicht besonders sportlich, ich wandere aber gern und liebe die Ski- und Schlittenfahrten im Winter – das erinnert mich immer an meine Kindheit. Aber genauso wichtig wie das Reisen ist mir die Fotografie – dass meine Bilder sogar schon ausgestellt wurden, war auch wieder Zufall. Wäre ich heute nicht Designerin, wäre ich sicherlich Fotografin. Von meinen Reisen kehre ich immer mit über 1000 Dias zurück.

Sie sind sehr vielseitig und arbeiten in Ihren Büchern mit den unterschiedlichsten Materialien und zu den verschiedensten Themen. Gibt es irgendein Lieblingsmaterial oder ein Lieblingsthema?

Mein liebstes Material ist Papier, es liegt mir als Designerin am meisten. Papier ist flach, aber ich arbeite z. B. mit Buntstiftschattierungen an den Körperseiten oder setze die Einzelteile mit Klebepads zusammen, so wirkt es plastisch. Auch Holz und Malerei mag ich. Thematisch mache ich lieber Oster- als Weihnachtsbücher. Weihnachten ist so düster! Osterbücher mit tanzenden Hasen, hüpfenden Fröschen und bunten Blümchen fallen mir leichter.

Wir reden über die Jahreszeiten. Sie liebt den Frühling, fährt jedes Jahr im April und Mai nach Capri oder Sardinien um Wärme, Sonne und das Meer zu genießen. Im Winter ist sie gerne in Bruneck, es sei ein Traum zu dieser Jahreszeit. Sobald aber der Schnee schmilzt, zieht es sie wieder in die Ferne. Die Arbeit nimmt sie dann einfach mit.

Liegt die künstlerische Begabung im Elternhaus?

Schon als Kind habe ich gern gezeichnet, gemalt und gebastelt. Ich stamme aus einer Bauernfamilie, meine Mama hatte elf Geschwister und bin mit meinen Cousins und Cousinen aufgewachsen. Wir hatten nicht viel Geld und auch kaum Spielzeug, so haben wir uns vieles aus Naturmaterialien gebastelt. Ich habe viele Collagen gemacht und Kleider für meine Puppe genäht. Damals wollte ich Modedesignerin werden.

Welchen Stellenwert nimmt das Basteln Ihrer Meinung nach heute ein?

Es ist ein Hobby geworden, man macht es nicht mehr um zu sparen, sondern um schöne Stunden zu verbringen. Künstler sind allein, beim Basteln aber ist man zusammen und kann noch kommunizieren.

Frau Pedevilla, wie entstehen Ihre Bastelbücher?

Ich mache mir zuerst Gedanken, was zum Thema passen könnte, und entwerfe Skizzen. Das kann einige Wochen dauern. Die Skizzen schicke ich dem Verlag und wir besprechen, was sich davon besonders gut eignet. Dann arbeite ich die Motive aus und erst wenn diese Zeichnungen fertig sind, fange ich an zu basteln. Ich sitze dann mit Material-Kisten in meinem Wohnzimmer und bastle zwei Wochen lang durch.

Woher nehmen Sie Ihre Ideen?

Ich gehe auf Messen, man sieht dort Tendenzen für Farben, Formen und neue Techniken. Vor allem aber bekommt man einen Eindruck, was gerade gefällt. Auch meine Reisen inspirieren mich. Ich habe immer einen Block und einen Fotoapparat dabei und skizziere und fotografiere Stoffe, Gegenstände und Landschaften. Seit 20 Jahren habe ich ein Archiv, in dem ich alles

Die kleine Pia (rechts unten) wuchs mit ihren Cousins und Cousinen in St. Martin in Thurn als Großfamilie auf

sammle. Darüber hinaus sind Kinderbücher und Deko- und Lifestylegeschäfte sowie Spielzeugläden, andere Bastelbücher und Malbücher eine gute Inspirationsquelle.

Das erste Buch der Italienerin zeigte bunte Seidenmalideen für Kinder

Was war bisher Ihr größter Erfolg?

Sicherlich mein erstes Buch und mein erster Clown aus Holz, der Auftakt meiner Spielzeugkollektionen. Ich habe immer Bastelbücher in Läden gekauft, plötzlich habe ich selber eines gemacht. Schön ist es auch auf Reisen das von mir entworfene Spielzeug in Geschäften zu sehen. Dass man in meinem Freundeskreis in Süditalien nicht versteht, was ich tue und wie ich davon leben kann, stört mich nicht. Ich freue mich umso mehr, wenn mir Leute schreiben, die meine Sachen gerne basteln, dieses Lob bedeutet mir viel.

Ihre Bastelideen sind in hellen, leuchtenden Farben gestaltet. Sind das auch die Farben, die Sie privat bevorzugen?

Nein! Ich habe so viele Farben im Kopf, aber in meinem Privatleben bevorzuge ich weiß, beige und schwarz. Meine Umgebung muss Ruhe ausstrahlen.

Die Möbel in ihrer hellen, gemütlichen Wohnung mitten im Zentrum von Bruneck hat Pia Pedevilla selbst entworfen. Ihre Wände zieren eigene Fotos und alles ist von edlem wiegleich individuellem Charakter geprägt. Am liebsten mag sie ihren Garten und den guten Blick auf das nahe gelegene Schloss, das sie immer wieder in die Welt der Märchen entführt. Der Sandkasten im Garten ist übrigens den Kindern aus ihrem Freundeskreis vorbehalten, sie genießt es, wenn alles um sie herum so lebendig ist wie sie selbst. Um künftig besser zwischen Privatem und Beruflichem zu trennen, hat sie sich noch ein Büro genommen, um das – wie sie es empfindet – „Chaos" zu ordnen und nicht mehr die Bastelkisten aus dem Keller in die Wohnung zu holen.

Wie sehen Ihre Zukunftspläne aus?

Ich wünsche mir, dass mein Leben weiter verläuft, wie es jetzt ist – vielleicht weniger chaotisch. Ich werde weiterhin viel reisen und hoffe, dass die Beziehungen zu Freunden und Verwandten immer so unkompliziert und herzlich bleiben. Ich möchte meinen inneren Frieden bewahren und gesund bleiben. Aber ganz wichtig: ich will weiterhin kreative Bücher machen.

Zu Hause umgibt sich Pia Pedevilla mit selbst entworfenen Möbeln, Büchern und selbst fotografierten Bildern

Biografie

- geboren am 21. März 1957 in Belluno, Italien
- 1974 Diplom für Kunsterziehung im Bereich bildhafte Dekoration der Kunstschule in St. Ulrich/Gröden, Italien
- 1976 Magisterabschluss und Erwerb des Diploms in Werbegrafik an der Kunsthochschule Urbino, Italien
- 1977/78 Werbegrafikerin in Bruneck, Italien
- 1979 Teilnahme am internationalen Wettbewerb „Il manifesto dell'anno" auf der „Fiera del libro" in Bologna
- 1985-1992 Lehrerin für Kunst- und technische Erziehung an der Mittelschule in Stern/Gardertal, Italien
- 1985 Gewinnerin des 2. Preises im Wettbewerb „Junge Designer"
- 1985-1998 Arbeit für die Spielzeugfirma SEVI, St. Ulrich/Gröden, Italien
- 1990/91 Zusammenarbeit mit dem argentinischen Cartoonisten Guillermo Mordillo

seit 1994:

- Publikation von Bastelbüchern im frechverlag, Stuttgart
- Lernspiele für Ensslin im Arena-Verlag GmbH, Eningen
- Lichterkettenkollektionen für ideen-factory, Hamburg
- Teppichkollektionen für O&N, Modena, Italien
- Leiterin von Fortbildungskursen für Lehrer, Erwachsene und Kinder in verschiedenen Basteltechniken

Mehr über Pia Pedevilla erfahren Sie unter www.piapedevilla.com.

Die Motive lassen sich in folgende Schwierigkeitsgrade unterteilen:

◎ einfach ◎◎ etwas schwieriger ◎◎◎ anspruchsvoll

IHRE GRUNDAUSSTATTUNG

Diese Materialien und Hilfsmittel sollten Sie immer bereithalten, sie werden in den einzelnen Materiallisten nicht erwähnt:

- Architektenpapier für Schablonen
- Graphit-Kopierpapier
- Filzstifte und Buntstifte
- Lackmalstift in Weiß
- weicher Bleistift und Radiergummi
- Hartkleber, Klebestift, Heißklebepistole, z.B. UHU
- mittelgroße, spitze Schere und Nagelschere
- Cutter mit geeigneter Schneideunterlage
- Lochzange
- verschiedene Pinsel
- Wasserglas, Plastikteller und Mallappen
- Nadel und Faden
- Prickelnadel und weiche Unterlage
- Klebepads oder Abstandsband
- feines Schmirgelpapier
- Schaschlikstäbchen, Zahnstocher
- evtl. Holzsäge
- evtl. Bohrmaschine

Meine besten Basteltipps

... für Papier

Gesichter gestalten

Die Gesichtslinien mit Filzstift malen, die Wangen und oft auch die Körperseiten mit Buntstift färben. Dazu mit einem Bleistiftspitzer oder einem Messer etwas Farbe von der Buntstiftspitze abschaben oder die Stiftspitze über ein Schleifpapier reiben. Den Buntstiftabrieb mit einem Finger auf dem Papier verreiben.

Als Nasen können Fotokartonstücke mit Abstandshaltern oder bunte Pompons aufgeklebt werden. Sie können die Nase auch aufmalen. Oft erhält sie noch einen Lichtfleck, diesen mit einem Lackmalstift aufsetzen.

Schneiden und Kleben

Kleine Teile lassen sich leichter aus Tonpapier statt aus Fotokarton ausschneiden. Abgerundete Formen mit einer kleinen Nagelschere ausschneiden, gerade Schnitte gelingen am einfachsten mit einem Cutter auf einer geeigneten Unterlage.

Die Einzelteile vorsichtig mit Heißkleber zusammenkleben oder mit Alles- oder Hartkleber fixieren; diese trocknen langsamer. Zum Kleben von Filz eignet sich ein Klebestift oder Holzleim. Sollen Filzteile stabil sein, z.B. für die Bekleidung, werden sie erst auf einen mit einem Klebestift bestrichenen Fotokarton geklebt und dann ausgeschnitten.

Sollen Papierfiguren plastisch wirken, müssen sie Schatten werfen. Dazu beim Zusammenkleben der Teile Moosgummistücke oder Klebepads als Abstandshalter verwenden.

Freihängende Motive aus Papier sehen hübscher aus, wenn sie beidseitig gearbeitet sind. Dazu benötigen Sie die Teile doppelt, einmal spiegelverkehrt.

Besondere Effekte

Kartons, die aussehen wie gemusterter Stoff, kann man leicht selber machen. Vor dem Ausschneiden werden mit Buntstift oder Plusterfarbe beliebige Muster – Linien, Punkte und Kreise – aufgemalt. Sie eignen sich besonders für Kleidungsstücke gut.

Um Aludraht oder einen Faden zum Aufhängen anzubringen, ein Loch mit einer Zirkelspitze einstechen. Der Aludraht kann vorher um ein Holzstäbchen gewickelt werden, so entstehen engere Schlaufen.

Bei einigen Figuren sind Wellpappekringel zur Dekoration verwendet worden. Dafür einen schmalen Streifen Wellpappe eng um ein Schaschlikstäbchen wickeln. Damit er sich rollt, muss er quer zur Rillenrichtung zugeschnitten werden. Werden die Streifen schräg übereinander aufgewickelt, erhält man Pyramiden.

Einige Figuren erhalten Schleifen aus bunten Bastfasern. Dafür eine Bastschleife formen, in der Mitte mit einem Faden fest zusammenbinden und mit einer Nadel einen bunten Knopf annähen. Das Ganze mit Heißkleber befestigen. So werden auch Schleifenbänder als Hosenträger verziert.

Einige Figuren haben Arme und Beine aus buntem Papierdraht. Findet man keinen farblich passenden, kann man auch hellen Papierdraht in der gewünschten Farbe bemalen. Auch Naturholzkugeln für Hände und Füße können passend zur Figur bemalt werden. Zum Bemalen am besten auf ein Schaschlikstäbchen stecken.

Viele Figuren tragen beschriftete Schilder. Diese sind meistens mit einem andersfarbigen Kartonstück unterlegt. Dazu das weiße Schildteil ausschneiden, auf ein größeres Stück andersfarbigen Karton kleben und diesen dann so zuschneiden, dass rundum ein Rand von 1 mm bis 2 mm stehen bleibt.

Für schnelle und effektvolle Verzierungen eignen sich ausgestanzte Papiermotive, angeklebte oder aufgenähte Knöpfe, Bänder und Kordeln sowie bunte Holzstücke und Holzkugeln.

... für Windowcolor

Malgrund und Malen

Schnell und einfach ist das Malen auf Prospekthüllen, davon kann das Motiv nach dem Trocknen abgezogen und ans Fenster oder auf Kacheln gestrichen werden. Auf Adhäsionsfolie (Haftfolie) gearbeitet, lässt sich ein Motiv später leichter wieder vom Untergrund entfernen. Wie die Motive, die auf Mobilefolie gemalt werden, müssen sie nach dem Trocknen ausgeschnitten werden. Sollen Windowcolor-Arbeiten stabil sein, z. B. für Blumenstecker, werden sie auf Mobilefolie gemalt. Für kleinere Motive eignet sich die etwas dünnere Mobilefolie (0,2 mm stark), da sie sich leichter schneiden lässt.

Die Konturen werden mit der Farbe direkt aus der Tube nachgezeichnet. Für feinere Linien gibt es im Handel Metallspitzen, die auf die Farbflasche geschraubt werden. Sie garantieren einen gleichmäßigen Farbauftrag.

Misslungene Konturen können mit einem Papiertuch weggewischt werden, solange sie noch nass sind. Nach dem Trocknen können Konturenteile mit einem Cutter weggeschnitten und neu gezogen werden.

Die Motive großzügig mit Windowcolor ausmalen. Dabei darauf achten, dass die Farbe immer ganz dicht an die Konturlinie gesetzt wird, damit das Ganze eine Einheit bildet. Luftblasen sofort mit einer Nadel aufstechen! Motivzwischenräume mit kristallklarer Windowcolor füllen (außer Sie arbeiten auf Adhäsions- oder Mobilefolie!).

Für Schattierungen werden die Farben nass an nass nebeneinander gesetzt und mit einem Zahnstocher entweder spiralförmig oder mit kurzen Strichen ineinander gezogen. So können Farbverläufe gestaltet werden oder einzelne Bereiche, z. B. Ränder, schattiert werden.

Andersfarbige Tupfen, Kreise und Streifen, wie für karierte Flächen, können sowohl auf den nassen als auch auf den trockenen Untergrund aufgetragen werden.

Aufbewahren

Alle Fensterbilder sind hitze- und kälteempfindlich. Bei Kälte werden sie spröde und zerbrechen. Erwärmen Sie sie vor dem Abziehen mit dem Haartrockner. Bei Hitze dehnen sie sich wie Gummi. Warten Sie kühlere Stunden ab, um das Fensterbild vorsichtig zu entfernen.

Das Motiv kann man in einer Prospekthülle gut aufbewahren und im nächsten Jahr wieder verwenden.

MIT PIA DURCHS JAHR

Frühling, Sommer, Herbst und Winter – jede Jahreszeit hat für mich ihren Reiz: Die ersten Blumen im Frühjahr, die wohlige Wärme des Sommers, das beruhigende Plätschern der Regentropfen im Herbst und die Ausgelassenheit beim Schlittenfahren im Winter.

Osterhase & Küken

→ knuffige Frühlingsboten

1 Die Latzhose aus doppelt zusammengeklebtem Filz ausschneiden und auf das karierte Hemd kleben. Den Träger nicht ankleben, sondern über der Schulter mit einem Knopf zusammennähen. Darunter den Hemdärmel fixieren und hinter diesem den Arm. Die Tasche aufnähen.

2 Den Kopf bemalen und die Nase aufkleben. Ein Ohr von hinten ankleben. Ebenso die Beine hinter dem Körper fixieren und die rote Schleife um den Hals binden.

3 In dem eingeschnittenen Pfotenschlitz hält der Hase die Eierschale mit dem dahinter fixierten Küken. Die Teile für Kopf und Körper werden doppelt benötigt. Das Gesicht aufmalen. Vor dem Zusammenkleben ein Chenilledrahtstück sowie Schnabel und Wellpappelöckchen einlegen. Für das Löckchen den Streifen zuerst eng um ein Schaschlikstäbchen wickeln. Das andere Drahtende steckt zwischen den zwei Körperteilen.

4 Die Karotte ist aus Filz und hat ein fransig geschnittenes Krautteil, das zum Einkleben unten mit einem Faden zusammengebunden wird.

MOTIVHÖHE
Hase ca. 24 cm
Küken ca. 9 cm

MATERIAL
- Fotokarton in Hellbraun, Weiß, Gelb, Orange und Blau-Weiß kariert, A4
- Tonpapierrest in Rot
- Wellpapperest in Gelb
- Filz in Hellblau, A4
- Filzreste in Orange und Hellgrün
- Satinband in Rot, 6 mm breit, 25 cm lang
- Knopf in Gelb, ø 1,2 cm
- Chenilledraht in Gelb, 6 cm lang
- Nadel und Wolle in Rot

VORLAGE SEITE 64

Mein Tipp:

Ganz schnell gebastelt sind die kleinen Eierhäschen. Die Gesichter mit Filzstift, Klebepunkten (ø 8 mm) und Wattepompons (ø 7 mm) gestalten und die Papierohren ankleben. Die Wangen mit Buntstiftabrieb röten.
Für die Kressehäschen das ausgeblasene Ei etwas aufbrechen, gut säubern und einen in Wasser getränkten Wattebausch hineinstecken. Brunnenkressesamen einstreuen – nach wenigen Tagen sprießen die ersten grünen Haare.

Niedliche Küken

→ liebevolle Tischdekoration und Grußkarte

MOTIVHÖHE
ca. 12 cm

MATERIAL PRO FIGUR
- Tonkarton in Gelb, A4
- Tonpapiereste in Rot und Orange
- Chenilledraht in Gelb

NUR TEELICHT
- Teelicht in Gelb

NUR TISCHKARTE
- Karoband in Blau-Weiß, 1 cm breit, 12 cm lang

NUR GRUSSKARTE
- Tonkartonreste in Weiß und Blau-Weiß kariert
- Doppelkarte in Hellblau, A6, mit Umschlag

VORLAGE SEITE 65

1 An alle Köpfchen den orangefarbenen Schnabel und den roten Kamm kleben. Diesen an der angegebenen Stelle einschneiden, auf das Köpfchen schieben und mit Klebstoff fixieren. Augen und Wangen aufmalen.

2 Bei der Grußkarte von der Kartenoberseite einen ca. 4 cm breiten Rand wegschneiden. Die sichtbare Karteninnenseite mit kariertem und die restliche Innenseite mit weißem Tonkarton überkleben. Die zwei Flügel am Rand aufkleben, mit den Fingern leicht nach oben biegen und das Köpfchen aufsetzen.

3 Bei der Tischkarte das fertige Köpfchen an ein Stück Chenilledraht kleben und diesen zwischen den zwei deckungsgleichen Körperteilen fixieren. Vorder- und Rückseite nur am oberen Rand zusammenkleben. Das Flügelteil einschieben und mit Klebstoff fixieren. Durch das Vorderteil die zwei Chenilledrahtstücke für die Beine stechen und auf der Rückseite befestigen. Die Füße ankleben und zurechtbiegen. Vorder- und Hinterteil leicht auseinanderspreizen, so steht die Tischkarte.

4 Beim Teelicht auf das Flügelteil die Chenilledrahtstücke für Hals und Beine aufkleben und das Teelicht darüber setzen. Füße und Köpfchen mit Klebstoff fixieren und zurechtbiegen.

Mein Tipp:

Die Tischkarte kann, oben und unten zusammengeklebt, auch an den Osterstrauß gehängt werden.

Anna

Glücksbringer

→ Kerzenhalter, Blumentopf und Klangspiel mit Herz

MOTIVHÖHE
ca. 10 cm

MATERIAL PRO KÄFER
- Tontopf, ø 11 cm, 8 cm hoch
- lufthärtende Modelliermasse in Weiß
- Acrylfarbe in Weiß, Rot, Schwarz und Rosa
- Aludraht in Schwarz, ø 1 mm, 20 cm lang
- Kordel in Rot, ø 3 mm, 2 m lang bzw. Satinband in Rot, 5 mm breit, 50 cm lang
- 3 Klangstäbe, 12 cm, 14 cm und 16 cm lang
- Papprest
- Schaschlikstäbchen, 20 cm lang
- Nudelholz

VORLAGE SEITE 65

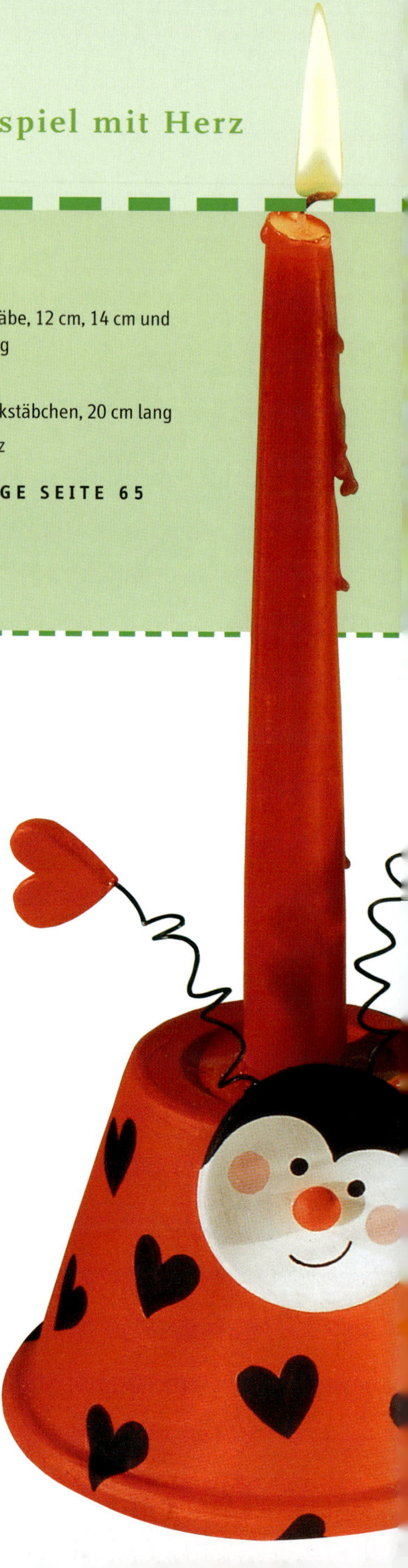

1 Die Modelliermasse mit einem Nudelholz ca. 5 mm dick ausrollen, die Schablone für das Gesicht auflegen und mit dem Cutter ringsum ausschneiden (oder mit einem kleinen Glas ausstechen). Den Rest noch dünner ausrollen und zwei kleine Herzen ausschneiden. Die Nasenkügelchen und zwei größere für das Klangspiel von Hand formen.

2 In die noch weiche Masse mit einem Zahnstocher alle Löcher ein- oder durchstechen und etwas weiten. Alles laut Herstellerangaben trocknen lassen. Dann gut abschmirgeln, die Kanten dabei leicht abrunden.

3 Alle Teile zuerst mit weißer Acrylfarbe bemalen. Nach dem Trocknen die Tontöpfe rot bemalen. Für die schwarzen Herzen sowie die Käferhaube die Schablone auflegen, mit Bleistift umreißen und die Herzen ausmalen.

4 Die roten Nasenkügelchen aufkleben. Mund und Augen mit Lackmalstift, die Wangen mit rosa Farbe aufmalen. Die Aludrahtfühler um einen Bleistift winden und mit Kraftkleber in den eingestochenen Löchern fixieren, zurechtbiegen und oben je ein Herz aufkleben.

5 Die Köpfchen auf den Tontopf oder einen Holzstab kleben und mit einer Schleife dekorieren. Das Klangspiel laut der Skizze auf Seite 65 zusammensetzen, die Klangstäbe werden an einer dicken Pappscheibe befestigt.

Fleißige Insekten

→ sommerliches Fensterbild

MOTIVHÖHE
Margerite ca. 28 cm

MATERIAL
- Windowcolor-Konturenfarbe in Schwarz
- Windowcolor in Gelb, Rot, Schwarz, Hell-, Mittel- und Dunkelgrün, Weiß, Bernstein, Hell- und Mittelblau, Kristallklar und Irisglitter
- starker Elastikfaden oder Draht in Schwarz, 6 x 10 cm lang
- Holzperlen in 2 x Rot und 4 x Gelb, ø 8 mm
- Glaskügelchen in Grün und Rot
- Prospekthülle, Adhäsions- oder Mobilefolie, A3

VORLAGE SEITE 66

1 Die Motive auf einer Prospekthülle arbeiten, dann können sie nach dem Trocknen abgezogen werden, oder auf Adhäsions- oder Mobilefolie, aus denen sie ausgeschnitten werden müssen. Die abgepauste Vorlage darunter legen und die Konturen schwarz nachzeichnen.

2 Nach dem Trocknen – die notwendige Zeit steht auf der Farbflasche – werden die Felder ausgemalt. In die noch nasse Farbe können Farbpunkte gesetzt, farbige Glaskügelchen eingestreut und Fühler eingelegt werden. Bei auf Mobilefolie gearbeiteten Motiven werden die Fühler nach dem Trocknen auf der Rückseite angeklebt.

3 Die Drahtenden mit etwas Klebstoff bestreichen und die Holzperlen darauf schieben.

Mein Tipp:

Der Marienkäfer kann auf Mobilefolie gearbeitet und nach dem Trocknen ausgeschnitten werden. Mit einem Schaschlikstäbchen auf der Rückseite ergibt er einen netten Blumenstecker.

Buntes Treiben am Teich

→ fröhliche Geschenkklammern

MOTIVHÖHE
Frosch ca. 10 cm
Libelle ca. 4,5 cm

MATERIAL JE FROSCH
- Holzwäscheklammer, 7 cm lang
- Tonkartonrest in Hellgrün
- Tonpapierrest in Gelb
- Acrylfarbe in Weiß, Hellgrün, Grün und Pink bzw. Blau
- Papierdraht in Hellgrün, ø 1,5 mm, 2 x 15 cm lang
- evtl. 2 Wackelaugen, ø 6 mm
- evtl. Pappmaché-Täschchen, ca. 8 cm hoch

LIBELLE
- Holzwäscheklammer, 4,5 cm lang
- Acrylfarbe in Rosa und Violett
- 2 Wackelaugen, ø 6 mm
- Ilex-Beere in Gold, ø 6 mm
- Goldglitter oder Plusterstift in Gold

VORLAGE SEITE 68

Frosch

1 Die Holzklammer für den Frosch grün und weiß bemalen und nach dem Trocknen Streifen und Punkte aufsetzen. Die Drähte mit Händen und Füßen fixieren.

2 Den Kragen und darüber den bemalten Kopf an der Klammer befestigen.

3 Das Täschchen weiß bemalen und mit einem pinkfarbenen Herz dekorieren.

Libelle

1 Die Klammer rosa bemalen und nach dem Trocknen lila Streifen aufsetzen. Wieder trocknen lassen und mit etwas Goldglitter verzieren.

2 Die Flügel aus Transparentpapier schneiden und an die Innenseite der oberen Klammerhälfte kleben.

3 Die Wackelaugen aufkleben und die Ilex-Beerennase mit dem kleinen Drahtstück hinter der Klammer fixieren.

Mein Tipp:

Mehrere Tiere an einer Leine ergeben einen netten Notizzettelhalter.

Bunte Fische

→ fürs Fensteraquarium

Bonus Modell

MOTIVHÖHE
Fische ca. 10 cm bis 12 cm

MATERIAL
- Tonpapierreste in Weiß und Rosa
- Regenbogenfotokartonreste
- Glimmerkartonreste in Hellblau und Grau
- Glimmerregenbogenkarton, A4
- 8 Klebepunkte in Weiß, ø 1 cm
- Glitzerstift in Silber
- Motivlocher: Blume, ø 1,5 cm

VORLAGE SEITE 74+75

1 Die Körper der Fische aus Glimmerkarton ausschneiden und mit Filzstift und Buntstift die Gesichter gestalten. Die Augen aufmalen oder bemalte Klebepunkte aufkleben.

2 Dann die Bauchteile aus Regenbogenfotokarton aufsetzen und darauf sowie an die Rückseite der Fische die Flossen kleben. Sie sind wieder aus Glimmerkarton geschnitten. Beim grauen Fisch den Kreis mit dem Wasserstrahl aufsetzen.

3 Die Fische mit aufgemalten Glitzerlinien und aus Tonpapier ausgestanzten Blüten verzieren (oder die Blüten selbst ausschneiden). Die Blütenmitten mit Buntstift malen.

4 Um die Unterwasserwelt zu komplettieren, die Gräser und Korallen hinter den Fotokartonstreifen kleben, die Steine und den Seestern darauf. Mit Filzstift, Buntstiftschattierungen und Glitzerstiftlinien verzieren.

Mein Tipp:

Ein Fisch kann sich auch im Badezimmer nützlich machen, z.B. als Zahnbürsten- oder Tablettenhalter. Das Tier auf eine bemalte Wäscheklammer (7 cm lang) kleben und an einem Saughalter fixieren.

Naturkerlchen

→ Dekorationen aus Kürbissen, Kastanien & Co.

MOTIVHÖHE
Kürbisfiguren ca. 6 cm bis 15 cm

MATERIAL KÜRBISPAAR

- verschiedene kleine Zier- und Speisekürbisse
- Schaschlikstäbchen, ø 3 mm
- Sisalfäden in Braun, Orange und Gelb
- kleiner Strohhut
- Filzrest in Grün
- kleine Äste, Physalislampion, Vogelbeeren, verschiedene Blätter

FEE

- Kastanie
- Mohnkapsel mit Stiel, ø 2 cm
- 2 Ahornsamen
- Acrylfarbe in Hautfarbe, Rosa und Hellgrün
- Bast in Hellgrün
- Wellpapperest in Natur

PRO EICHHÖRNCHEN

- Kastanie, Eichel, Bucheckersamen
- Chenilledraht in Braun
- Filz in Gelb oder Grün, 5 mm breit, 10 cm lang
- Zahnstocher

Kürbispaar

1 Für die verschiedenen Figuren habe ich mich von der Form und Farbe der Kürbisse inspirieren lassen. Schauen Sie die Kürbisformen an, dann entstehen fast von selbst die Ideen! Die Verbindung von Körper und Kopf wird stets durch ein Stück Schaschlikstäbchen geschaffen, das mit etwas Klebstoff in ein vorher gebohrtes Loch gesteckt wird.

2 Für die Haare farbige Sisalfäden ankleben und nach Belieben eine Kopfbedeckung aufsetzen. Die Arme sind eingestochene Ästchen. Aufgefädelte Vogelbeeren werden zur Halskette, Blätter zu einer Halskrause. Die Gesichter sind mit wasserfesten Filzstiften laut Abbildung aufgemalt. Ein Filzstückchen in der Mitte zusammenbinden und als Schleife aufkleben.

Herbstfee

1 Mit einer spitzen kleinen Schere ein Loch in die Kastanie stechen und den Mohnkapselstiel einstecken und festkleben.

2 Die Kapsel hautfarben bemalen, die Krone hellgrün. Das Gesicht laut Abbildung aufmalen und einige kurze grüne Bastfäden um den Hals knüpfen.

3 Die Ahornsamen als Flügel an der Rückseite und eingerollte schmale Wellpappestreifen als Arme und Beine ankleben. Einen Aufhängefaden um die Mohnkrone binden.

Eichhörnchen

1 Die Kastanie mit einem Zahnstocher mit der vorher angebohrten Eichel verbinden. Aufgeklebte Bucheckerohren, gemalte Augen und ein bunter Filzschal geben jedem Tierchen Ausdruck.

2 Ein unten angeklebter Streifen brauner Biegeplüsch wird zum buschigen Schwanz. Die Eichhörnchen auf einen dünnen Ast setzen.

Verspielte Hexenkinder

→ farbenfrohe Fensterbilder

MOTIVHÖHE
ca. 23 cm

VORLAGE SEITE 67

MATERIAL

- Windowcolor-Konturenfarbe in Schwarz
- Windowcolor in Gelb, Orange, Rot, Rosa, Lila, Violett, Weiß, Grau, Hellgrün, Grün, Hellblau, Blau, Braun, Kristallklar und Hautfarbe
- Samtpulver in Schwarz und Blau
- 2 Knöpfe in Gelb, ø 1 cm
- Prospekthülle, A3

1 Die Vorlage unter eine Prospekthülle legen und die Konturen schwarz nachzeichnen.

2 Nach dem Trocknen die einzelnen Felder ausmalen; zuerst die, die mit Samtpulver gestaltet werden sollen. Das Pulver sofort auf die nasse Farbe streuen und nach dem Trocknen überschüssiges Pulver abpusten und Reste mit einem Pinsel entfernen. Anschließend die übrigen Motivteile ausmalen.

3 Schattierungen entstehen, wenn Sie zwei Farben nass an nass nebeneinander setzen und mit einem Zahnstocher spiralförmig ineinander verrühren oder mit kurzen Strichen ineinander ziehen.

Vogelscheuche

→ zauberhaftes Fensterbild oder Türschild

MOTIVHÖHE
ca. 31 cm

MATERIAL
- Fotokarton in Weiß und Hautfarbe, A4
- Fotokartonreste in Schwarz und Gelb
- Tonpapierreste in Rot und Schwarz
- Naturpapier in Grün, A3
- Moon-Rock-Papier in Gelb und Orange, A4
- 2 Klebepunkte in Weiß, ø 8 mm
- Gitterband in Grün, 3 cm breit, 20 cm lang
- Karoband in Rot-Orange, 2 cm breit, 2 x 25 cm lang
- Naturbast
- Rundholzstab, ø 5 mm, 36 cm lang
- 2 Knöpfe in Rot, ø 3 cm

VORLAGE SEITE 66

1 Das Stäbchen für die Arme zwischen ein Bastbüschel stecken, so dass es auf beiden Seiten noch etwas hervorschaut, und auf beiden Seiten mit einem Bastfaden zusammenbinden.

2 Der runde Kopf mit langem Halsstreifen ist aus Fotokarton. Nase und Augen ausschneiden und aufkleben, die restlichen Linien aufmalen. Am oberen Kopfrand einige unterschiedlich lange Bastfäden als Haare ankleben.

3 Der Hut ist zweiteilig: Die Krempe mit einem Cutter entlang der Linie aufschneiden (siehe Vorlage). Auf den Hutaufsatz das grüne Gitterband kleben und dieses Teil hinter der Hutkrempe befestigen. In die Öffnung von unten das Gesicht einschieben und mit dem Hut zusammenkleben. Soll die Figur am Fenster hängen, sollte ein weiteres Hutteil den Hinterkopf bedecken.

4 Den fertigen Kopf mit dem Halsstreifen in der Mitte um das Armstäbchen schlingen und fixieren. Die zwei Teile des Halstuchs an einer Seite zusammenkleben und die Zipfel am anderen Ende mit einem Faden zusammenbinden.

5 Die zwei Handschuhteile jeweils am Rand zusammenkleben, in die verbleibende Öffnung beidseitig ein ca. 2 cm langes Stäbchen einstecken und festkleben.

6 Das Schild besteht aus zwei unterschiedlich großen Rechtecken, die übereinandergeklebt und nach Belieben beschriftet werden. Den Raben zusammenkleben. Für Haare und Beine Löcher stechen, die Fäden durchziehen und verknoten. Den Raben auf das Schild setzen.

7 An ein Ende jedes Bandes einen Knopf nähen. Jedes Band mit dem Knopf vorne um die Arme schlingen und am Schild vorne und hinten ankleben. Durch den Hut einen Aufhängefaden ziehen.

Mein Tipp:

Kleine Raben können Sie auch als Geschenkanhänger verwenden. Den Körper doppelt arbeiten, die Schnäbel dazwischen kleben. Für die Augen bemalte Klebepunkte aufkleben.

Freche Kürbisse

→ originelle Fensterkette und Blumenstecker

MOTIVHÖHE
ca. 10 cm

MATERIAL
- Mobilefolie, 0,4 mm stark, A3
- Windowcolor-Konturenfarbe in Schwarz
- Windowcolor in Gelb, Orange, Rot, Weiß, Hellgrün, Grün, Hellbraun, Braun und Schwarz
- Naturbast
- 2 Schaschlikstäbchen, 20 cm lang

VORLAGE SEITE 70+71

1 Die Gesichtchen und der Lampionblütenzweig werden auf Mobilefolie gemalt und nach dem Trocknen sauber ausgeschnitten. Die Vorlage unter die Folie legen und die Konturen schwarz nachzeichnen.

2 Nach dem Trocknen die einzelnen Felder ausmalen. Schattierungen entstehen, wenn Sie zwei Farben nass an nass nebeneinander setzen und mit einem Zahnstocher spiralförmig ineinander verrühren oder mit kurzen Strichen ineinander ziehen.

3 Die Kürbisse können eine Kette bilden. Dazu werden in jedes Gesicht beidseitig mit einer Stopfnadel oder mit einer Zirkelspitze Löcher gestochen, ein Bastfaden wird durchgezogen und mit dem nächsten mit einer Schleife zusammengebunden.

4 Für die Blumenstecker das Holzstäbchen mit rotem Filzstift in Abständen anmalen und den Kürbiskopf mit Klebstoff daran befestigen. Unter dem Gesichtchen noch einen Bastfaden als Schleife umbinden.

Eichhörnchen & Zwerg

→ bringen den bunten Herbst ins Haus

MOTIVHÖHE
Eichhörnchen ca. 23 cm
Zwerg ca. 30 cm

MATERIAL EICHHÖRNCHEN

- Windowcolor-Konturenfarbe in Schwarz
- Windowcolor in Gelb, Orange, Hellbraun, Braun, Terrakotta, Hell- und Dunkelgrün, Grün, Weiß und Kristallklar
- Prospekthülle, A4

ZWERG

- Mobilefolie, 0,4 mm stark, A4
- Windowcolor-Konturenfarbe in Schwarz
- Windowcolor in Perlmutt, Hellblau, Blau, Hautfarbe, Rot, Schwarz, Gelb, Lila, Braun, Hellgrün und Grün
- Holzperlen in 3 x Rot, ø 1,2 cm, und 2 x Gelb, ø 8 mm
- Zweig und kleine Zapfen

VORLAGE SEITE 64+65

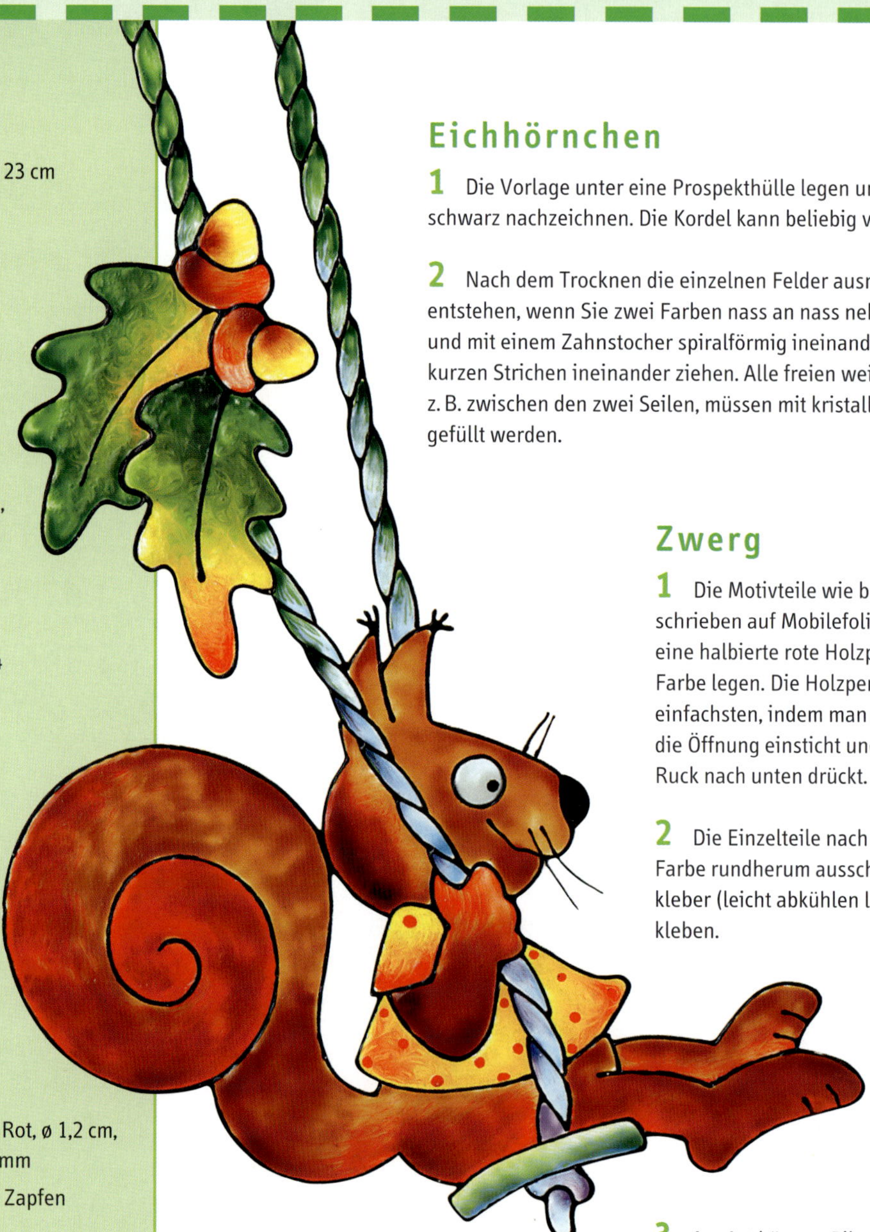

Eichhörnchen

1 Die Vorlage unter eine Prospekthülle legen und die Konturen schwarz nachzeichnen. Die Kordel kann beliebig verlängert werden.

2 Nach dem Trocknen die einzelnen Felder ausmalen. Schattierungen entstehen, wenn Sie zwei Farben nass an nass nebeneinander setzen und mit einem Zahnstocher spiralförmig ineinander verrühren oder mit kurzen Strichen ineinander ziehen. Alle freien weißen Flächen, wie z. B. zwischen den zwei Seilen, müssen mit kristallklarer Windowcolor gefüllt werden.

Zwerg

1 Die Motivteile wie beim Eichhörnchen beschrieben auf Mobilefolie malen. Als Nase eine halbierte rote Holzperle in die noch nasse Farbe legen. Die Holzperle halbiert man am einfachsten, indem man die Scherenspitze in die Öffnung einsticht und mit einem kräftigen Ruck nach unten drückt.

2 Die Einzelteile nach dem Trocknen der Farbe rundherum ausschneiden und mit Heißkleber (leicht abkühlen lassen) auf den Ast kleben.

3 Am Ast hängen Pilze und Blätter und einige kleine Zapfen. Sie können nach Belieben kombiniert und an Fäden dazugehängt werden. Die Figur wird mit einem Faden, der durch die Mützenspitze gestochen wird, aufgehängt.

Gruselige Zeiten

→ schaurig-schöne Fensterdekoration

MOTIVHÖHE
Gespenst ca. 33 cm
Fledermaus ca. 10 cm

MATERIAL GESPENST
- Fotokarton in Weiß, A3
- Faserseide in Weiß, A3
- Tonpapierreste in Rot und Gelb

PRO FLEDERMAUS
- Tonpapier in Schwarz, A4
- Wellpappe in Schwarz
- Klebepunkte in 1 x Rot und 2 x Gelb, ø 8 mm
- Schaschlikstäbchen
- Teelicht in Gelb

VORLAGE SEITE 69

Gespenst

1 Auf die ausgeschnittene Form aus Faserseide (gestrichelte Linien) das Gespenst aus Fotokarton kleben, so dass die Ränder des dünnen Papiers ringsum leicht hervorschauen.

2 Die gelben Augen aufkleben und die Pupille malen. Den Mund ausmalen und die rote Zunge leicht nach innen biegen und ankleben. Mit einem Faden am Fensterrahmen befestigt, erschreckt das Gespenst Feixi die Passanten.

Fledermaus

1 Um die Teelichter mit Heißkleber einen Wellpappestreifen kleben.

2 Für den Blumenstecker den schmal auslaufenden Streifen Wellpappe mit seinem breiten Ende an ein Stäbchen kleben, dann darum herum wickeln und am Ende fixieren. Auf der so entstandenen Basisfläche das Teelicht ankleben.

3 Die Fledermaus besteht aus einem Stück. Für Nase und Augen Klebepunkte aufsetzen und bemalen, den Mund mit Lackmalstift zeichnen. Die fertige Fledermaus von hinten an das Teelicht kleben. Brennt das Licht, schaut sie schön-schaurig.

Mein Tipp:

Stecken Sie die Teelichter ganz gerade ein, da ansonsten das Wachs tropft!

Der Schneemann und seine Freunde

→ farbenfrohes Fensterbild

MOTIVHÖHE
ca. 35 cm

MATERIAL
- Fotokarton in Weiß, A3
- Fotokarton in Dunkelbraun, A4
- Fotokartonreste in Rot, Schwarz, Hellgrau, Ockergelb, Hellgrün, Grün, Orange und Rosa
- Tonpapierrest in Hellrosa
- Filzreste in Hell- und Dunkelblau und Violett
- Kordel in Rot, ø 3 mm, 15 cm lang
- 3 Pompons in Rot, ø 7 mm
- 2 Knöpfe in Schwarz, ø 1,2 cm

VORLAGE SEITE 70

1 Dem Schneemann seine schwarzen Augen mit den ausgesparten Lichtpunkten, den Mund und die roten Wangen aufmalen. Die Karottennase wird aufgeklebt und bemalt.

2 Den Hut der Linie entlang mit einem Cutter einschneiden und auf den Kopf schieben. Ein graues Hutband, eine Schneedecke und zwei Fotokartonblätter mit aufgeklebten Pompons schmücken ihn.

3 Die schwarze Ärmellinie ca. 2 cm aufschneiden und dort den Besenstiel durchschieben und dahinter fixieren. Den ockergelben Besen ankleben und mit einer roten Kordel umwickeln. Dem Schneemann noch einen roten Schal umbinden und zwei Knöpfe aufkleben.

4 Die mit Filzstift bemalten Mäuseköpfchen (Wangen mit Buntstift röten) haben ein rosa Innenohr aus Tonpapier, das nur zum Teil fixiert und leicht nach vorn gebogen wird, und einen bunten Filzschal um den Hals geschlungen. So werden sie auf ihrer Kleidung befestigt. Füße und Arme kleben hinter den Kleidungsstücken, die zum Teil aus Filz sind. Den Filz auf einen mit dem Klebestift eingestrichenen Fotokarton kleben und dann ausschneiden.

5 Das Mäusemädchen ist mit einem Fuß hinter dem Arm des Schneemanns fixiert, mit einer Hand hinter der Karottennase, der Junge wird mit der Hose an den Besenstiel geklebt.

Rudi Rentier und seine Freunde

→ schlicht-schöne Geschenkideen

MOTIVHÖHE
Weiß-rotes Rentier ca. 10 cm
Weihnachtskerlchen ca. 9 cm

MATERIAL WEISS-ROTES RENTIER
- Fotokartonrest in Weiß
- Tonpapierrest in Rot oder Weiß-Rot kariert
- Plastikhalbperle in Schwarz, ø 8 mm

PRO WEIHNACHTSKERLCHEN
- 2 Erdnüsse
- 2 Streichhölzer (für Rentier 4 x)
- durchgebohrte Rohholzkugel, ø 1,8 cm (nur Weihnachtsmann)

WEIHNACHTSMANN
- Acrylfarbe in Rot
- Chenilledraht in Weiß, 2 x 6 cm lang
- Plüschpompon in Weiß, ø 7 mm

RENTIER
- Acrylfarbe in Rot
- 2 dünne Zweige
- 2 Bucheckersamen

VORLAGE SEITE 72

Weiß-rotes Rentier

1 Das Rentier mit einer Nagelschere aus Fotokarton ausschneiden und die schwarze Nase aufkleben. Die Gesichtslinien mit Filzstift aufmalen.

2 Die Satteldecke entsteht aus einem in der Mitte gefalzten Rechteck aus rotem Tonpapier, auf das mit weißem Lackmalstift ein Muster aufgemalt wird. Noch einfacher ist es, gemustertes Tonpapier zu verwenden.

Mein Tipp:

Das Rentier eignet sich für vielfältige Anwendungen: als Geschenkanhänger, als Tischkärtchen, für Karten usw. Das Bild zeigt nur einige Beispiele, die beliebig erweitert werden können.

Weihnachtskerlchen

1 Zum Fixieren des Kopfes mit einer Nagelschere ein Loch in den Erdnusskörper stechen. Die Holzkugel auf einen Zahnstocher kleben, kürzen und das andere Ende mit aufgetragenem Klebstoff in den Erdnusskörper stecken.

2 Auch die Öffnungen für Beine und Arme mit der spitzen Schere stechen und die gekürzten Zündhölzer mit Klebstoff dort einstecken.

3 Die Gesichter laut Abbildung mit Filzstiften oder Acrylfarbe aufmalen.

4 Für den Weihnachtsmann den Kopf auf der rot bemalten Nuss fixieren und die rot bemalte Erdnusshälfte (mit einer Nagelschere durchschneiden) als Hut aufkleben. Schal und Mützenrand aus weißem Chenilledraht und den Pompon an der Mützenspitze fixieren.

5 Für das Rentier zwei passende Erdnüsse mit einem Zahnstocher verbinden, die Bucheckersamen als Ohren und kleine Ästchen dahinter als Geweih fixieren.

FROHES FEST
MONIQUE

Engelchen

→ himmlische Geschenk- und Baumanhänger

MOTIVHÖHE
Papierengel ca. 28 cm
Zapfenengel ca. 10 cm

MATERIAL PAPIERENGEL
- Fotokarton in Weiß und Weiß mit Goldsternen, A4
- Fotokartonreste in Rot und Hautfarbe
- Tonpapierrest in Gold
- Kordel in Gold, ø 1 mm, ca. 60 cm lang
- 2 Plüschpompons in Rot, ø 7 mm
- Golddraht, ø 0,5 mm
- Motivlocher: Stern
- Schaschlikstäbchen, 20 cm lang
- Nadel und Faden in Weiß

ZAPFENENGEL
- durchgebohrte Rohholzkugeln, 1 x ø 3 cm, 2 x ø 1 cm
- Zapfen, ø ca. 6 cm
- Papierdraht in Natur, ø 2 mm, 7 x 6 cm lang
- Paketschnur, 12 cm lang (Arme), 20 cm lang (Aufhängefaden)
- Bouilloneffektdraht in Gold, 20 cm lang
- Acrylfarbe in Gold
- getrocknete Orangenscheibe

VORLAGE SEITE 73

Papierengel

1 Auf das Sternenkleidchen die Ärmel setzen und darüber die goldene Halskrause aus Tonpapier fixieren. Die Gesichtchen erhalten Augen und Mund mit Filzstift, die roten Wangen mit Buntstift aufgemalt. Als Nase wird ein roter Pompon aufgeklebt und die goldenen Haarteile werden zum Schluss fixiert.

2 Hinter den Ärmeln die Hände befestigen, hinter dem Kleid die Beinchen und daran die Schuhe.

3 Für die Goldlocken wird ein schmaler Streifen Tonpapier eng um ein Schaschlikstäbchen herum aufgewickelt, kurz festgehalten und dann einem Engel hinter das Köpfchen geklebt.

4 Um das rote Paket den Goldfaden binden und dieses in den kleinen eingeschnittenen Handschlitz stecken und festkleben. Ein Engelein hält ein aufgeklebtes Herz in den Händen.

5 Die Flügel befestigen. Zum Aufhängen einen Faden anbringen oder einen Golddraht in Form biegen und dann durch die Flügelspitzen stechen und dahinter hochbiegen. An ihm kleben einige ausgestanzte Sternchen.

Mein Tipp:

Verkleinert sind die Engel ein niedlicher Christbaumschmuck!

Zapfenengel

1 In das Loch der großen Holzkugel einen doppelten Aufhängefaden einkleben (nicht abgebildet) und die Locken aus Papierdraht über dem Köpfchen verteilen. Das Gesicht laut Abbildung aufmalen.

2 Die Rohholzkugeln auf die kurze Paketschnur auffädeln, die Enden verknoten und die Schnurarme auf den Zapfen kleben. Darüber eine getrocknete Orangenscheibe und darauf das fertige Köpfchen setzen.

3 Den Bouilloneffektdraht um den Hals wickeln und etwas auseinanderziehen.
Zum Schluss etwas Goldfarbe auf die Zapfenspitzen auftragen.

Der Weihnachtsmann hat's eilig!

→ originelles Fensterbild

MOTIVHÖHE
ca. 33 cm

MATERIAL
- Fotokarton in Schwarz, Rot, Weiß, Hautfarbe und Silber, A4
- Fotokartonreste in Blau, Grün, Hellgrau, Rosa und Gelb
- Wellpapperest in Schwarz
- 2 Metallköpfe in Silber, ø 2,2 cm
- Faden in Gelb, 30 cm lang
- Holzstreuteile: Bär und Tanne

VORLAGE SEITE 74

1 Da das Motiv recht groß ist, sollten alle Teile aus starkem Fotokarton angefertigt werden, damit es stabiler wird. Es ist günstig, zuerst alle Einzelteile auszuschneiden und zurechtzulegen und bei ihrer Positionierung den Angaben auf dem Vorlagenbogen genau zu folgen.

2 Zuerst das Fahrrad zusammenkleben und die Knöpfe als Naben daran fixieren. Darauf die Grundform der Figur, bestehend aus Hose und Schal, setzen. Auf deren Rückseite wird das mit Filz- und Buntstift gemalte Gesichtchen und das wehende Haarteil angeklebt, auf der Vorderseite die Jacke mit Ärmel, hinter dem der Handschuh steckt. Für plastische Effekte Abstandhalter verwenden.

3 In die Jacke mit dem Cutter vorher die Taschenöffnung einschneiden. Den weißen Bart und den Schnurrbart zuletzt ankleben.

4 Der blaue Schuh kommt auf das Pedal und die hinter die Hose geklebten weißen Socken erhalten mit einem Filzstift rote Streifen. In der eingeschnittenen Manteltasche steckt ein Holzbärchen, hinten am Fahrrad ist ein Baum aus Holz oder aus Papier fixiert. Der Schal des Weihnachtsmannes wird fransig geschnitten.

5 Dem Mäuschen sein Gesicht aufmalen und das rosa Innenohr ankleben. Das Köpfchen auf dem Schal und diesen auf dem blauen Fahrradkorb fixieren. Die grauen Pfötchen werden aufgeklebt und dahinter das mit einem Faden geschnürte Paket. In der Eile verliert der Weihnachtsmann seine Zipfelmütze!

Eisbärchen

→ niedlicher Adventskalender

Bonus Modell

MOTIVHÖHE
ca. 37 cm

MATERIAL
- Fotokarton in Weiß, A3
- Wellpappe in Silber, 50 cm x 70 cm
- Formfilzrest in Blau
- Pappkiste, 20 cm breit, 18 cm hoch

VORLAGE SEITE 69

1 Den Eisbärkopf, den Oberkörper, die Pfoten und die Vogelkörper sowie -flügel aus Fotokarton zuschneiden. Den Schal aus Formfilz zuschneiden und den Schnitt mit einem Cutter einschneiden.

2 Das Eisbär-Gesicht mit Filzstift aufmalen und die Nase mit einem dicken Filzstift ausmalen. Die Lichtflecken aussparen oder mit einem Lackmalstift aufsetzen. Die Wangen mit rosa, die Füße mit blauen Buntstiftschattierungen gestalten. Die Vögel mit schwarzem Filzstift und gelbem und rosa Buntstift bemalen und die Flügel aufkleben.

3 Den Hals in den mit weißem Buntstift und schwarzem Filzstift gestalteten Formfilzschal stecken und auf der Rückseite festkleben. Auf den Oberkörper setzen.

4 Die Kiste mit Wellpappe bekleben und die Einzelteile ansetzen. Ein Vögelchen auf dem Bärenschal platzieren.

Mein Tipp:

Mit einem Eisbär-Köpfchen kann auch eine Käseschachtel gestaltet werden. Den Kopf aus Velourspapier zuschneiden und 8 mm große Halbperlen als Augen und eine 2 cm große als Nase aufkleben. Mund und Wangen aufmalen. Den Rand der Schachtel mit Wellpappe umkleben.

Kecke Glücksboten

→ Neujahrsschweine

MOTIVHÖHE
ca. 9 cm (ohne Hut)

MATERIAL JE SCHWEIN
- Holzwäscheklammer, 7 cm lang
- Fotokartonreste in Rosa, Hellrosa, Grün und Schwarz
- 2 durchgebohrte Rohholzkugeln, ø 1 cm
- Acrylfarbe in Rosa und ggf. Silber

ZUSÄTZLICH GLASVERZIERUNG
- Tonkartonrest in Weiß
- Papierdraht in Rosa, 10 cm lang
- Silberdraht, ø 0,4 mm

SERVIETTENHALTER
- Fotokartonrest in Weiß
- Chenilledraht in Rosa, ø 6 mm, 10 cm lang
- Holzmarienkäfer, 1,3 cm lang
- Holzfliegenpilz, 2,3 cm lang
- Silberdraht, ø 0,4 mm, 20 cm lang

MENÜKARTE
- Fotokartonreste in Rot und Silber
- Fotokarton in Silber, A4
- Faserseide in Weiß mit silberfarbenen Einschüssen, A5
- Chenilledraht in Schwarz, ø 6 mm, 10 cm lang
- Acrylfarbe in Silber
- Holzmarienkäfer, 1,3 cm lang

VORLAGE SEITE 75

Glasverzierung

1 Die Wäscheklammer bemalen und das Kartonteil für die Hufe aufkleben. Dem Gesichtchen den dunkleren Rüssel aufsetzen und es bemalen. Die Fliege aufkleben und das Köpfchen darüber setzen. Den Draht als Beinchen einkleben und die Holzperlen daran fixieren.

2 Das Schild mit einem Neujahrsgruß beschriften, Silberdraht durchstechen und es um den Hals hängen.

Menükarte

1 Das Schweinchen wie oben beschrieben anfertigen, unter die Fliege aber die Jacke kleben. Auf den Kopf den Zylinder mit Silberband setzen.

2 Den silbernen Karton in der Mitte falten, der Faserseide einen Zackenrand schneiden und mit einem Marienkäfer und einem Kleeblatt dekorieren.

Serviettenhalter

1 Das Schweinchen wie links beschrieben anfertigen.

2 Den Silberdraht in die Holzperlenöffnungen einkleben, etwas eindrehen und durch das beschriftete Schild stechen. Den Fliegenpilz daran festkleben und das Kleeblatt mit dem Marienkäfer an der Klammer fixieren.

MENU
VIEL GLÜCK
2005

DEKORATIVES FÜRS HAUS

Mit kleinen Farbtupfern im Zimmer können Sie schnell Stimmung schaffen. Kräutertöpfe bringen mediterranes Flair in die Küche, ein Herzwandbehang Romantik ins Wohnzimmer und die Affen-Uhr sorgt nicht nur im Kinderzimmer für Begeisterung.

Mediterranes Flair

→ Schmuckes für die Küche

Bordüre

1 Die Konturen schwarz zeichnen und alle Teile ausmalen. Die Zitronen von Gelb in ein leichtes Orange schattieren, die Blätter in verschiedenen Grüntönen. Der grüne Blattrand wird nach dem Trocknen der weißen Farbe aufgesetzt.

2 Alle Zwischenräume mit transparenter Farbe füllen. Nach dem Trocknen von der Folie abziehen und an das Fenster oder die Küchenkacheln streichen.

Mein Tipp:

Das Motiv kann beliebig oft wiederholt und so die Bordüre nach Bedarf verlängert werden. Die Zitronen können auch einzeln als Blumentopfanhänger oder als Raumschmuck auf Mobilefolie gemalt werden. Nach Belieben mit Perlen verzieren!

Kräuterschilder

1 Das Rankenmotiv mit aufgesetzter Maldüse (ø 0,5 mm) zeichnen. Gut trocknen lassen, die Folie wenden und die gesamte Rückseite weiß bemalen.

2 Den Kräuternamen mit wasserfestem Filzstift von vorne aufschreiben, das Schild ausschneiden und direkt an den Tontopf oder an ein Schaschlikstäbchen kleben.

MOTIVHÖHE
Bordüre ca. 13 cm

MATERIAL
BORDÜRE
- Windowcolor-Konturenfarbe in Schwarz
- Windowcolor in Moosgrün, Hell- und Dunkelgrün, Braun, Bernstein, Gelb, Orange und Transparent
- Prospekthülle, A3

KRÄUTERSCHILDER
- Mobilefolienreste, 0,2 mm stark
- Windowcolor in Grün und Weiß
- Schaschlikstäbchen

VORLAGE SEITE 68

Katz' und Maus

→ Türschild oder Fensterbild, Briefbeschwerer

MOTIVHÖHE
ca. 33 cm

MATERIAL BRIEFBESCHWERER

- 1 großer, 1 mittlerer und 2 kleine Steine
- Acrylfarbe in Weiß, Rot und Rosa
- Aludraht in Schwarz, ø 1 mm, 20 cm lang, und Silber, 30 cm lang
- Filzrest in Rot

TÜRSCHILD

- Fotokarton in Weiß und Rot, A4
- Fotokartonreste in Schwarz, Grau, Rosa und Rot mit weißen Herzen
- Filzrest in Rot
- 2 kleine Holzmäuschen, 2 cm lang
- Nylonfaden in Schwarz, ø 0,4 mm, 50 cm lang

VORLAGE SEITE 76

Briefbeschwerer

1 Für die Katze einen runden, dunklen Stein verwenden, für die Maus einen dreieckigen und zwei kleine runde Steine.

2 Die Schablone für das Katzengesicht auflegen, es umfahren und dann weiß ausmalen. Nach dem Trocknen die Innenlinien übertragen, dazu Graphit-Kopierpapier verwenden. Die rosa Ohren von Katz und Maus sowie die rote Nase der Katze aufmalen. Die restlichen Linien mit einem schwarzem Permanentstift zeichnen.

3 Die Steinohren der Maus, schwarze Nylonfäden als Schnurrbart und gebogenen Aludraht mit einem Filzherz als Schwänzchen mit Kraftkleber festkleben. Das Gesicht mit Permanentstiften malen.

Türschild

1 Alle Motivteile ausschneiden und die Gesichtslinien aufzeichnen. In den Katzenaugen kleine Lichtpunkte aussparen oder sie mit Lackmalstift aufzeichnen. Die rosa Fotokartonohren nur am Ansatz ankleben und leicht nach oben biegen. Für die Katzennase Fotokarton mit einem Klebestift bestreichen, Filz aufkleben und ein Herz ausschneiden.

2 Das Mäusegesicht mit Bunt- und Filzstiften gestalten, die Lichtpunkte in den Augen mit einem Lackmalstift setzen. Löcher für die Schnurrbarthaare einstechen, Drahtstücke durchschieben und auf der Rückseite festkleben. Die Beinlinie mit Filzstift zeichnen. Das Hemdchen aufkleben und die Maus auf dem Katzenkopf fixieren.

3 Das Schild auf roten Fotokarton kleben und mit einem dünnen Rand ausschneiden. Den Gruß aufschreiben, die Pfoten aufkleben und das Schild am Hals fixieren.

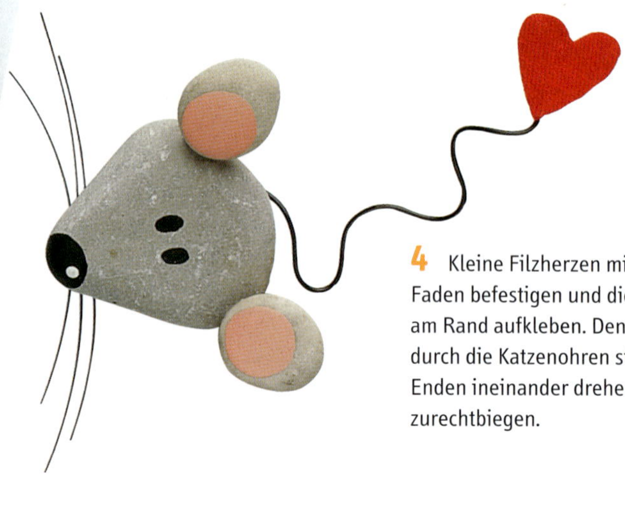

4 Kleine Filzherzen mit Nadel und Faden befestigen und die Holzmäuse am Rand aufkleben. Den Aufhängedraht durch die Katzenohren stechen, die Enden ineinander drehen und etwas zurechtbiegen.

WILLKOMMEN

Herzchen-Allerlei

→ verspielter Wandbehang

MOTIVHÖHE
ca. 14,5 cm (je Karte)

MATERIAL JE KARTE
- Fotokarton in Weiß, 50 cm x 70 cm
- Bogen Faserseide in Weiß, 50 cm x 70 cm
- Faserseide in Rot, Orange, Violett, Lachs und Pink, A4
- Maulbeerpapierrest in Rot
- Aludraht in Rot, ø 1,5 mm, 16 cm lang
- Willowblatt in Bordeaux
- Glasperlen, -stifte, -herzen und Rocailles in Rot- und Orangetönen
- 2 Federn in Weiß
- Nylonfaden, 3 m lang
- Nadel und Faden in Rot, ca. 10 cm lang
- Holzleiste, ca. 50 cm lang (Aufhängung)

VORLAGE SEITE 77

1 Die Karten aus Fotokarton zuschneiden. Die Vorderseite mit einem Klebestift einstreichen und mit weißem Japanpapier bekleben. Nach dem Trocknen bündig abschneiden.

2 Die Verzierungen aufkleben: fransig ausgerissenes Japanpapier direkt fixieren, wobei die Ränder nicht festgeklebt werden, ausgeschnittene Quadrate und Herzen erst auf Fotokarton kleben und dann aufsetzen. Werden mehrere Papierteile, z. B. bei den Quadraten, übereinander geklebt, immer von oben nach unten arbeiten und die Ränder nach dem Aufkleben zurechtschneiden.

3 Für die Perlenschnüre dünnen Silberdraht durch das Papierherz stechen, die Perlen locker auffädeln, das Ganze zurechtbiegen und mit Alleskleber fixieren. Die Enden der Perlenschnüre festkleben oder mit einer kleinen Zange umbiegen, so dass die Perlen nicht herunterrutschen können.

4 Zum Aufhängen jedes Kartenstranges in einen ca. 60 cm langen Nylonfaden einen festen Knoten machen und eine Rocaille, ein Glasherz, zwei Rocailles und einen Glasstift auffädeln. Den Faden von vorne durch die unterste Karte stechen, hinter der Karte hochführen und am oberen Rand wieder nach vorne durchstechen. Mit den anderen Karten ebenso verfahren. Die drei Stränge oben an eine Holzleiste o. Ä. knoten.

Mein Tipp:

Mit Naturpapieren und Tapetenkleister oder Serviettenkleber lassen sich auch Gläser schön dekorieren.

Badezimmer-Entchen

→ mit Wendeschild

Bonus Modell

MOTIVHÖHE
ca. 33 cm

MATERIAL
- Fotokarton in Weiß, A4
- geprägter Fotokartonrest in Hellblau
- Fotokartonreste in Dunkelblau und Blau
- Regenbogenfotokartonrest in Gelb-Orange-Verlauf
- Wellpappereste in Hellblau und Gelb
- 7 Klebepunkte in Gelb, ø 7 mm
- 6 Wachsperlen, ø 6 mm
- dünner Draht
- Motivlocher: Blume

VORLAGE SEITE 67+80

1 Das Körperteil ausschneiden und das Gesicht aufmalen. Die Wangen mit Buntstiftabrieb röten und den Schnabel mit Klebepads aufsetzen.

2 Den mit Filzstift bemalten Hut von der Rückseite ankleben und das Blümchen aufsetzen. Als Blütenmitte einen Klebepunkt fixieren.

3 Das Hemdchen und das mit Lackmalstift bemalte Tuch aufkleben. Für die Füße ca. 1 cm breite Wellpappestreifen eng aufrollen und zusammenkleben. Als Abstandhalter an den Körper setzen und die Füße darauf fixieren.

4 Das Schild beschriften, auf einen größeren Karton kleben und mit einem schmalen Rand ausschneiden.

5 In Schild und Entchenflügel Löcher stechen und gelockten Draht, auf den vorher einige Wachsperlen gefädelt wurden, anbringen. Mit einigen ausgestanzten Blumen mit Klebepunktmitten verzieren.

Mein Tipp:

Sie können die Figur auch aus Holz anfertigen, die Beinchen dann mit kleinen Rundholzstäben aufsetzen.

Übrigens:

Auch ein Nilpferd sieht sehr hübsch an der Badezimmertüre aus. Die Einzelteile aussägen, bemalen (siehe Seite 60) und zusammenkleben. Zum Anbringen des Vögelchens Löcher bohren und es mit gelocktem Draht befestigen.

BESETZT

Witzige Uhr

→ für Küche oder Kinderzimmer

Bonus Modell

MOTIVHÖHE
ca. 45 cm

MATERIAL
- Sperrholz, 5 mm stark, A3
- Uhrensatz mit Pendel, Zeigerlänge max. 9 cm lang
- Bohrer im Durchmesser des Uhrwerkstiftes
- Acrylfarbe in Weiß, Gelb, Orange, Rot, Hautfarbe, Braun und Schwarz
- 2 Plastikhalbperlen, ø 8 mm
- matter Sprühlack

VORLAGE SEITE 74+79

1 Die Holzscheibe sowie die Pfoten, den Kopf, die Ohren, die Nase und den Schwanz mit einer Laub- oder Dekupiersäge aussägen. In der Mitte ein zur Größe des Uhrwerks passendes Loch bohren. Die Kanten mit Schmirgelpapier glätten.

2 Die Einzelteile mit verdünnter Farbe bemalen: Das Gesicht und die Ohren hautfarben bemalen und an den Rändern mit etwas Orange schattieren. Die Farben dafür ineinander ziehen bzw. verwischen.

3 Trocknen lassen, dann die Haubenform mit einem dünnen Pinsel aufmalen und ausmalen. Am Rand mit schwarzer Farbe schattieren. Die Nase bemalen und am Rand ebenso mit etwas schwarzer Farbe schattieren. Wie die Augen aufkleben und die Lichtflecken aufmalen. Mund und Wangen mit Buntstift gestalten.

4 Die Scheibe weiß bemalen und den grünen Kreis sowie die mit Orange schattierten Bananen aufmalen. Die roten Punkte mit einem Rundholzstäbchen oder dem Pinselstiel aufsetzen. Die Pfoten und den Schwanz braun bemalen und an den Rändern mit Schwarz schattieren.

5 Die Einzelteile zusammenkleben und die Uhr mit mattem Sprühlack lackieren. Nach dem Trocknen das Uhrwerk laut Herstellerangaben anbringen und den Schwanz auf das Pendel kleben.

Mein Tipp:

Dekorieren Sie doch auch Ihre Pflanzen mit kleinen Äffchen! Dieser hat einen Erdnusskörper und einen Holzkugelkopf. Gliedmaßen und Schwanz aus Papierdraht anfertigen und kleine Holzperlen ankleben. Beachten Sie auch die Anleitung der Erdnussfiguren auf Seite 36!

HITS FÜR KIDS

Kinder lieben Abwechslung und möchten nicht immer mit den gleichen Materialien basteln, neben Papier eignen sich auch Naturmaterialien, Holz und Pappmaché gut. Manche Ideen können die Kinder selber umsetzen, andere werden zusammen mit Mama oder Papa gebastelt.

Mädchen und Junge

→ ein süßes Pärchen

Bonus Modell

1 Die Einzelteile der Figuren ausschneiden: beim Mädchen das Blümchen aus Tonpapier, die anderen Teile aus Fotokarton. Den blauen Karton für das Kleidchen vorher mit Buntstiften bemalen. Beim Buben sind Hosen, Schuhe und Schal aus Formfilz, alternativ kann normaler Bastelfilz verwendet und auf Fotokarton geklebt werden.

2 Die Köpfe gestalten: die Augen mit Filzstift, den Mund und die Wangen mit Buntstift aufsetzen. Die Papiernase mit einem Klebepad fixieren. Die Haarteile an den Rändern mit Buntstiftabrieb schattieren, beim Mädchen vorher noch die Schleifen aufzeichnen. An den gekennzeichneten Stellen einschneiden, auf den Kopf schieben und fixieren.

3 Beim Mädchen das Papier-Blümchen auf das Kleid aufsetzen. Vorher die Blätter mit den Fingern etwas formen. In die Blütenmitte die lila Blume kleben. Das Kragenteil mit Filzstift bemalen und mit Klebepads fixieren.
Die Socken hinter die Schuhe kleben und die Beinstücke aufsetzen. Daran hinter das Kleid kleben. Nach Belieben am Ärmel einschneiden und einen Lutscher dahinter stecken.

4 Beim Jungen das Hemd an den markierten Stellen einschneiden und die Hose darunter schieben und fixieren. Die Armstückchen ankleben und die Taschen aufsetzen. Die Striche sind mit Lackmalstift aufgezeichnet. Die Träger aufkleben und die Knöpfe aufsetzen.
Den Schal mit Buntstift bemalen und an der markierten Stelle einschneiden. Den Hals einschieben und auf der Rückseite fixieren. Auf den Körper kleben.
Die Schuhsohle wird mit einem dicken schwarzen Filzstift aufgemalt. Dann die Schuhe hinter die Hosenbeine kleben.

MOTIVHÖHE
ca. 31 cm

MATERIAL MÄDCHEN
- Fotokarton in Blau, A4
- Fotokartonreste in Hautfarbe, Apricot, Orange, Lila und Weiß
- Tonpapierrest in Dunkelblau
- Blümchen in Lila, ø 2 cm

JUNGE
- Formfilz in Blau, A4
- Formfilzreste in Rot und Braun
- Fotokartonreste in Hautfarbe, Apricot, Blau und Gelb
- Fotokartonrest in Grün-Weiß kariert
- 2 Knöpfe in Gelb, ø 1,2 cm

VORLAGE SEITE 76+77 +72

Mein Tipp:

Das kleine Mäuschen aus Fotokarton ist schnell bemalt und zusammengeklebt. Statt einer Ähre kann es auch ein Blümchen tragen und eine Geburtstagskarte schmücken.

Lichtschäfchen

→ Wandlampe

MOTIVHÖHE
ca. 28 cm

MATERIAL
- Sperrholz, 5 mm stark, A3
- Sperrholzrest, 1 cm stark
- Holzherz, ca. 1,5 cm hoch
- Acrylfarbe in Weiß, Hautfarbe und Pink
- Schnee- oder Plusterfarbe in Weiß
- Mini-Lichterkette mit 10 Lampen in Weiß
- Glöckchen in Weiß, ø 2 cm
- Papierdraht in Weiß, ø 2 mm, 20 cm lang
- Bohrer in Lämpchengröße

VORLAGE SEITE 74+80

1 Die drei Teile für das Schaf sowie die Holzvierecke als Abstandshalter (1 cm stark) aussägen und die Löcher in den Körper bohren. Die Löcher müssen genau die Größe der Lämpchen haben.

2 Nun alle Kanten gut schmirgeln, vor allem rund um die Löcher. Dann den Körper weiß bemalen und das Haarteil mit Hautfarbe leicht schattieren. Dazu die Farbe nass in nass auftragen. Ein pinkfarben bemaltes Holzherzchen als Nase befestigen und die Gesichtslinien mit einem wasserfesten Filzstift aufmalen. Die Wangen mit pinkfarbenem Buntstiftabrieb färben.

3 Die Kringel auf den Schäfchenkörper mit einem Reliefstift aufsetzen.

4 An der Rückseite an den auf der Vorlage eingezeichneten Stellen die Holzklötzchen mit einer schmalen Seite aufkleben (Abstandshalter zur Wand) und dann die Lämpchen der Lichterkette in die Löcher einschieben. Nicht festkleben, sonst kann man die Birnen bei Bedarf nicht austauschen.

5 Den Kopf auf den Körper kleben und das Glöckchen sowie die Aufhängung befestigen (Bilderhaken auf dem oberen Abstandshalter fixieren).

Mein Tipp:

Aus Steinen gebastelt kann das Schäfchen als Briefbeschwerer oder – größer – als Türstopper verwendet werden. Glatte Steine sammeln und zusammenkleben. Den Kopf und die Ohren mit Acrylfarbe bemalen, das Fell und die Haare mit Plusterfarbe. Das Gesicht mit wasserfesten Filzstiften aufsetzen.

Lustige Namen

→ Buchstaben-ABC

MOTIVHÖHE
Buchstaben ca. 7 cm
Sonne ca. 18 cm

MATERIAL
SONNE
- Massivholzrest, 1 cm stark
- Rohholzhalbkugel, ø 2 cm
- 10 Schaschlikstäbchen
- Acrylfarbe in Gelb, Orange und Pink
- Bohrer in Schaschlikstäbchengröße

JE BUCHSTABE
- Sperrholzrest, 5 mm stark
- Holzscheibe, ø 2,5 cm
- Acrylfarbe in großer Auswahl
- Papierdraht in Weiß, ø 2 mm
- Formfilzreste in verschiedenen Farben

VORLAGE SEITE 64+78

Sonne

1 In die ausgesägte und abgeschmirgelte Sonne seitlich Löcher für die Strahlen einbohren, dabei die Stärke der Schaschlikstäbchen beachten.

2 Die Schaschlikstäbchen werden in unterschiedlicher Länge zugeschnitten (siehe Vorlage) und mit Holzleim in die Löcher eingeklebt. Dann alles gelb bemalen und die Sonne am Rand orange schattieren.

3 Die pinkfarben bemalte Nase aufkleben. Den Mund und die Wangen mit Buntstift gestalten, die Augen mit wasserfestem Filzstift und Lackmalstift. Auf die Nase einen Lichtpunkt mit dem Lackmalstift setzen.

Buchstaben

1 Die Buchstaben aussägen, schmirgeln und nach Herzenslust mit verdünnter Acrylfarbe bemalen. Immer zuerst die Grundfarben auftragen, dann die Verzierungen. Punkte mit dem Pinselstiel setzen, Streifen mit einem schmalen Flachpinsel ziehen. Für Schattierungen die Farben nass in nass vermalen. Die Holzscheiben gibt es im Fachhandel oder man kann sie auch herstellen, indem man einen alten Besenstiel in Scheiben zersägt.

2 Die Gesichter sind mit Acrylfarbe oder wasserfesten Filzstiften gestaltet. Die Figuren dann mit Formfilz und passend bemaltem Papierdraht weiter dekorieren.

Mein Tipp:

Alle Buchstaben finden sich mit der Position von Händen und Kopf auf dem Vorlagenbogen. So können Sie jedes gewünschte Wort oder jeden Namen zusammenstellen. Am besten befestigt man die Buchstaben mit doppelseitigem Klebeband an der Tür.

TINA
MARCO

Gespenst

→ hier hänge ich und singe …

MOTIVHÖHE
ca. 32 cm

MATERIAL
- Fotokarton in Weiß, 50 cm x 70 cm
- Fotokartonrest in Pink
- Tonpapierreste in Dunkelgrau und Hellrosa
- Strohseide in Weiß, 50 cm x 70 cm
- Mobilefolie, 0,4 mm stark, A3
- Mittelstreifen: 45 cm x 15 cm (zuzügl. 2 x 8 mm für die Klebelaschen)

VORLAGE SEITE 79

1 Die Vorlagen auf den Karton übertragen und die Teile ausschneiden. Die Hände sind nur an der Vorderseite, für die Rückseite die Linie einfach durchziehen. Die Strohseide auf Mobilefolie aufziehen und zuschneiden.

2 Das Gesicht mit Bunt- und Filzstiften gestalten und die Zunge in einen kleinen Schlitz in der Mundlinie schieben. Die Wangen röten und die Augenränder helllila schattieren. Den Körper zusammenkleben und den Kopf aus Tonpapier auf dem Vorderteil mit den Händen befestigen. Die Flicken aufkleben.

3 Die Kette besteht aus zwölf Tonpapierstreifen, die Ring für Ring ineinander gehakt und zusammengeklebt werden. Zuletzt an den Händen des Gespensts befestigen.

4 Den weißen Mittelstreifen Stück für Stück formen und ankleben (gestrichelte Linie). Löcher für den Drahtbügel einstechen und diesen befestigen. Ggf. eine Kerzenhalterung anbringen oder einen Leuchtstab verwenden.

Mein Tipp:

Gespenster verschrecken kann man mit diesen selbst gebastelten Musikinstrumenten. Dafür einen Joghurtbecher oder eine Plastikkugel mit Reis, Kieseln oder Glöckchen befüllen und einen aus Wellpappe gerollten Stiel ankleben. Dann alles dick mit in Tapetenkleister eingeweichten Zeitungspapierstückchen ummanteln und nach dem Trocknen farbenfroh bemalen.

HINWEIS

Manche Vorlagen hier im Buch wurden verkleinert. Diese Vorlagen bitte einfach mit dem angegebenen Vergrößerungsfaktor im Kopiergeschäft kopieren und dann diese Kopien wie normale Vorlagen nutzen.

Lustige Namen

SEITE 61

bitte auf 200 % vergrößern

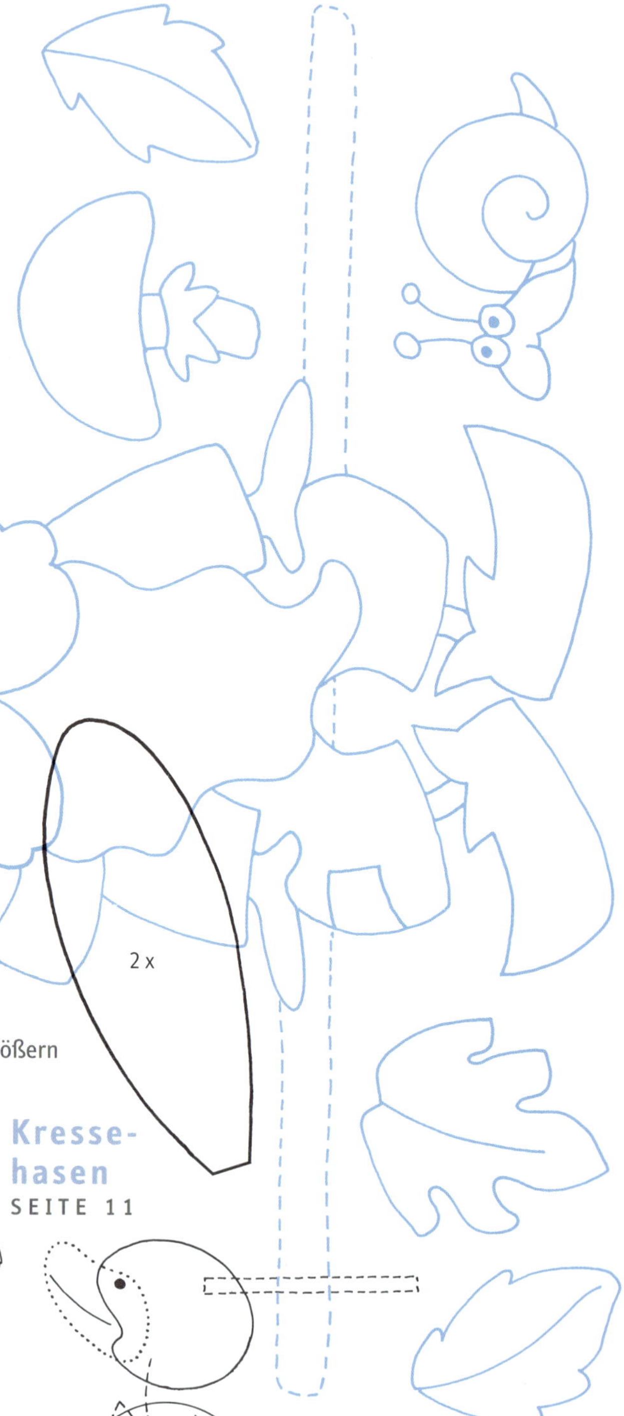

Zwerg

SEITE 31

bitte auf 150 % vergrößern

Kressehasen

SEITE 11

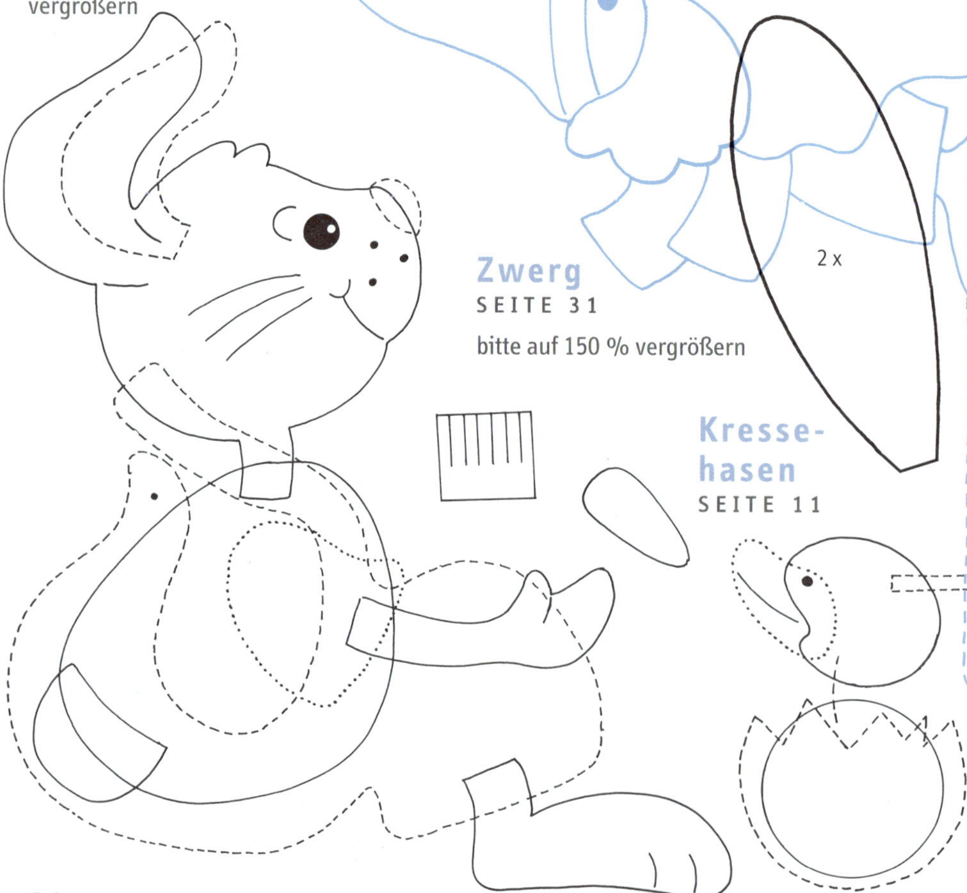

Osterhase & Küken

SEITE 10

bitte auf 200 % vergrößern

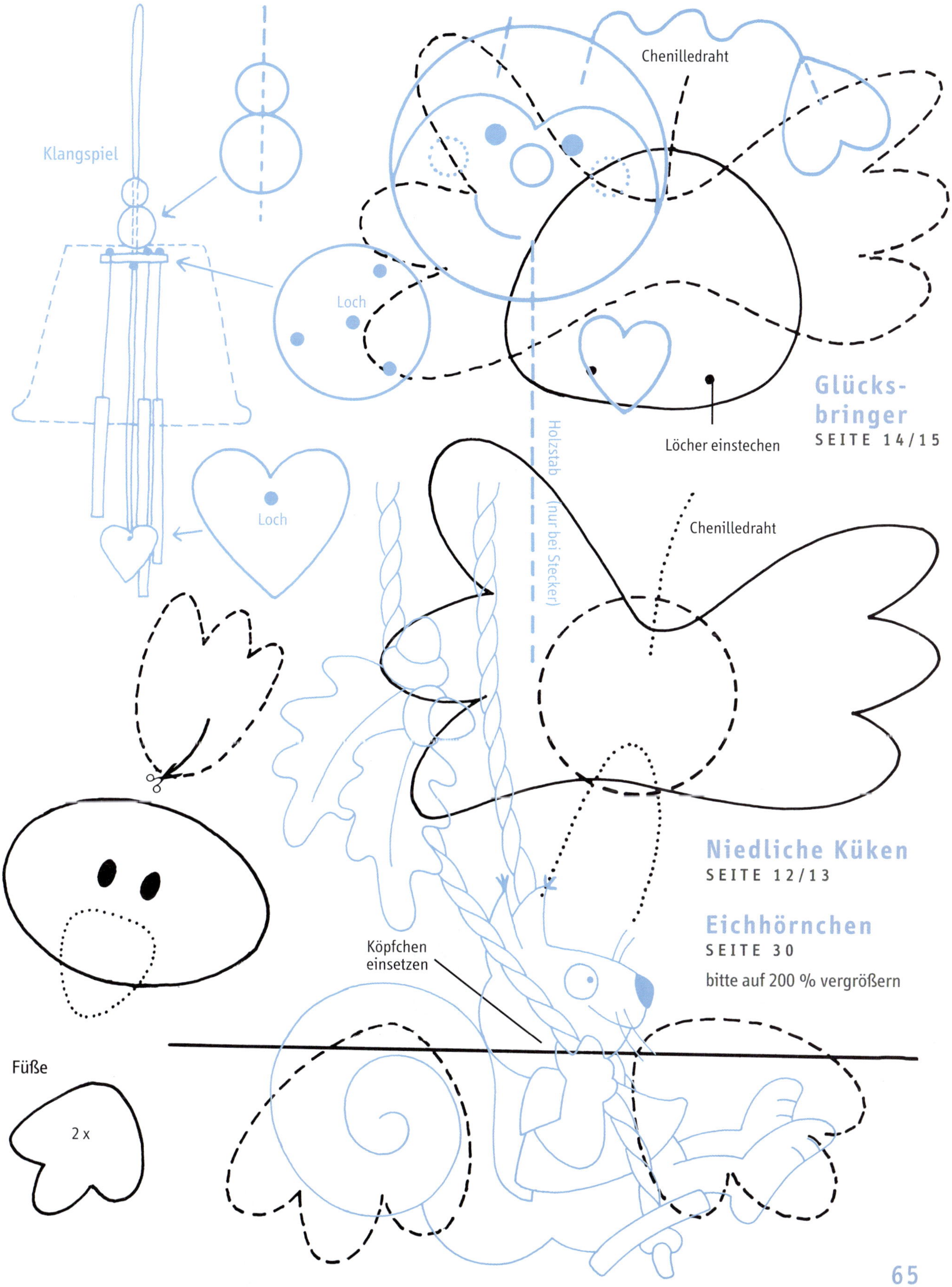

Glücksbringer
SEITE 14/15

Niedliche Küken
SEITE 12/13

Eichhörnchen
SEITE 30

bitte auf 200 % vergrößern

Fleißige Insekten
SEITE 16/17

bitte auf 150 % vergrößern

Vogelscheuche
SEITE 27

bitte auf 230 % vergrößern

Geschenk-anhänger
SEITE 26

Verspielte Hexenkinder
SEITE 24/25

bitte auf 240 % vergrößern

Badezimmer-Entchen
SEITE 53

bitte auf 120 % vergrößern

Mediterranes Flair
SEITE 46

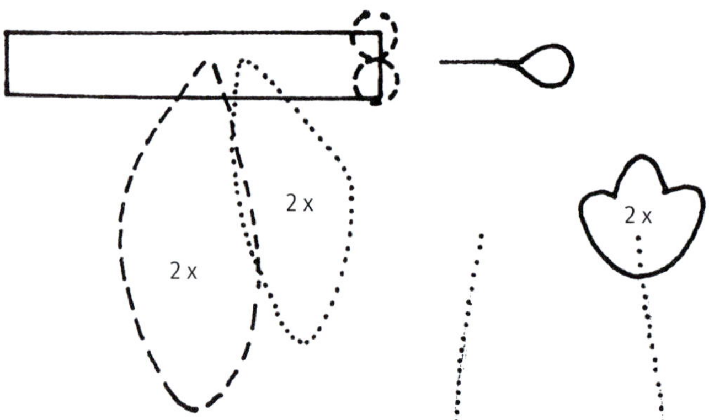

Buntes Treiben am Teich
SEITE 19

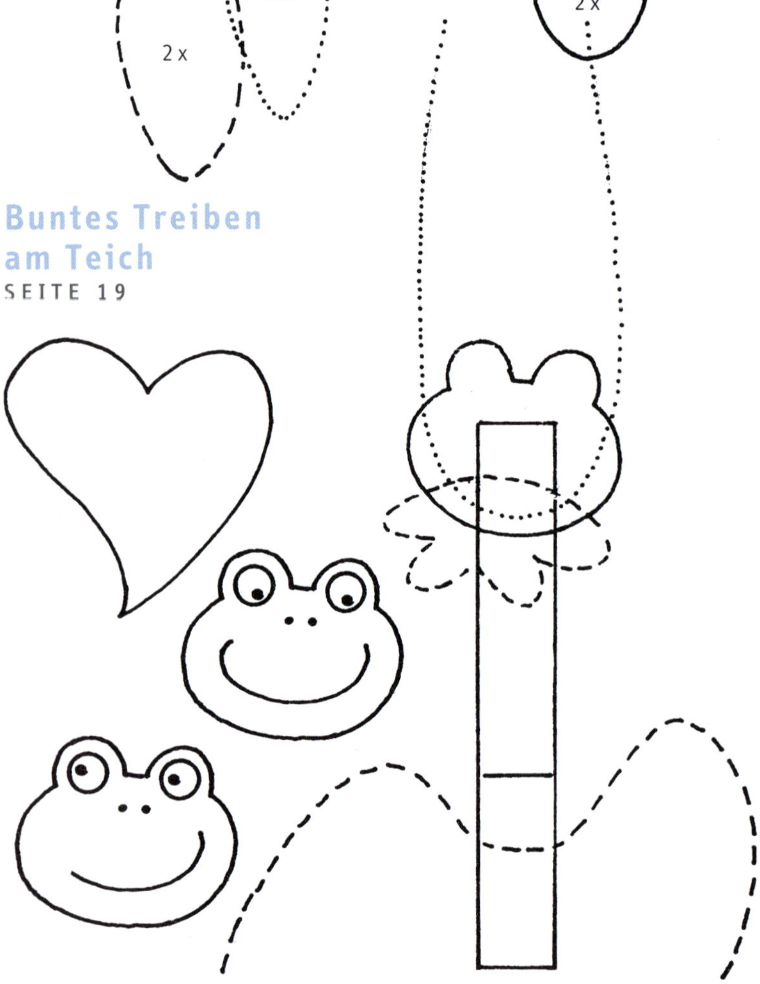

Mediterranes Flair
SEITE 47

bitte auf 200 % vergrößern

bitte auf 300 % vergrößern

Eisbärchen

SEITE 43

bitte auf 150 % vergrößern

Gruselige Zeiten

SEITE 33

bitte auf 160 % vergrößern

Freche Kürbisse
SEITE 28/29

Der Schneemann und seine Freunde
SEITE 34/35

bitte auf 200 % vergrößern

Freche Kürbisse

SEITE 28/29

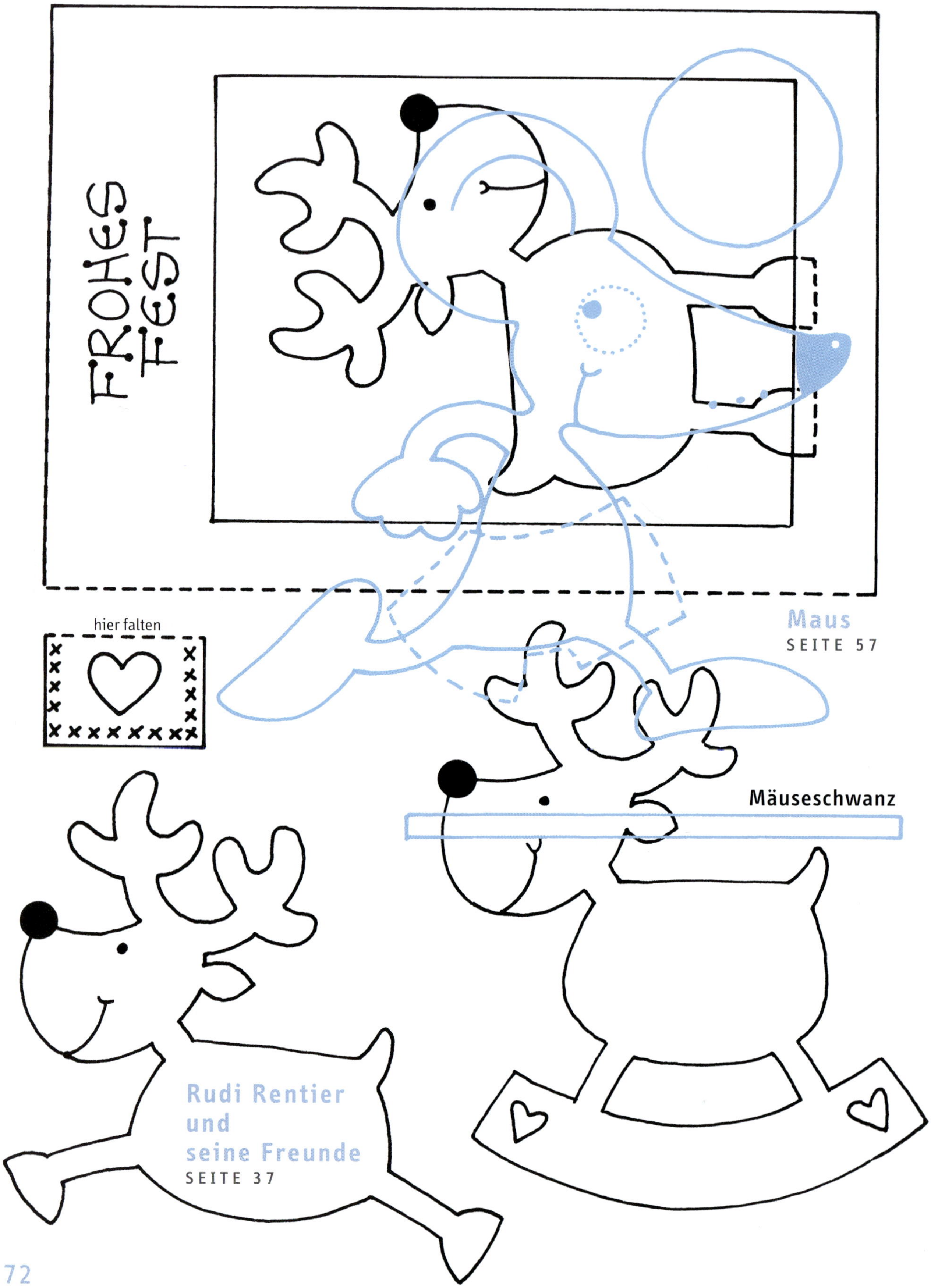

Maus
SEITE 57

Rudi Rentier und seine Freunde
SEITE 37

Engelchen
SEITE 38/39

Schäfchen
SEITE 58

Äffchen
SEITE 54

Der Weihnachtsmann hat's eilig!
SEITE 40/41

bitte auf 200 % vergrößern

Bunte Fische
SEITE 21

bitte auf 175 % vergrößern

Kecke Glücksboten

SEITE 45

Bunte Fische

SEITE 21

bitte auf 175 % vergrößern

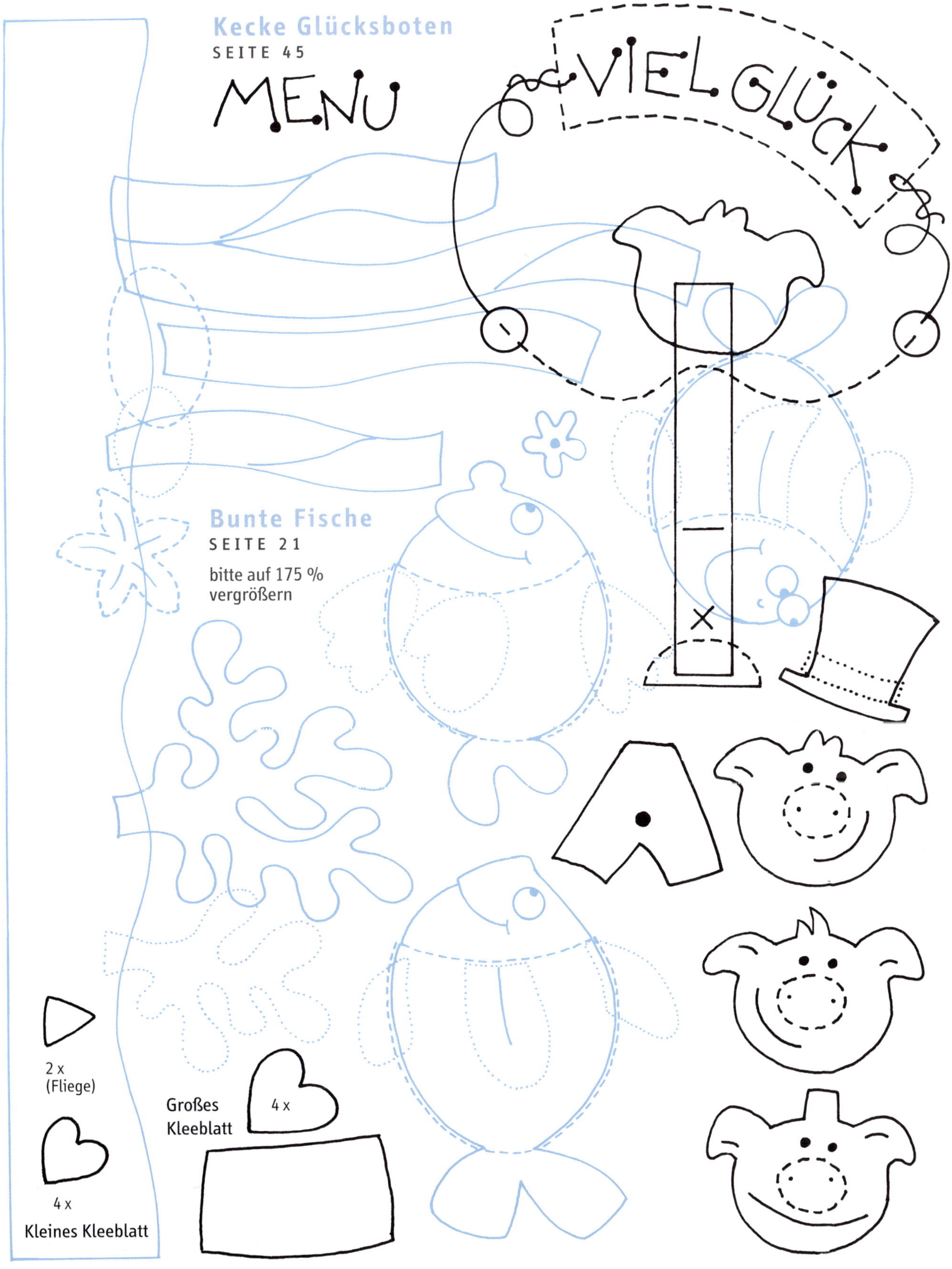

2 x (Fliege)

4 x

Kleines Kleeblatt

Großes Kleeblatt

4 x

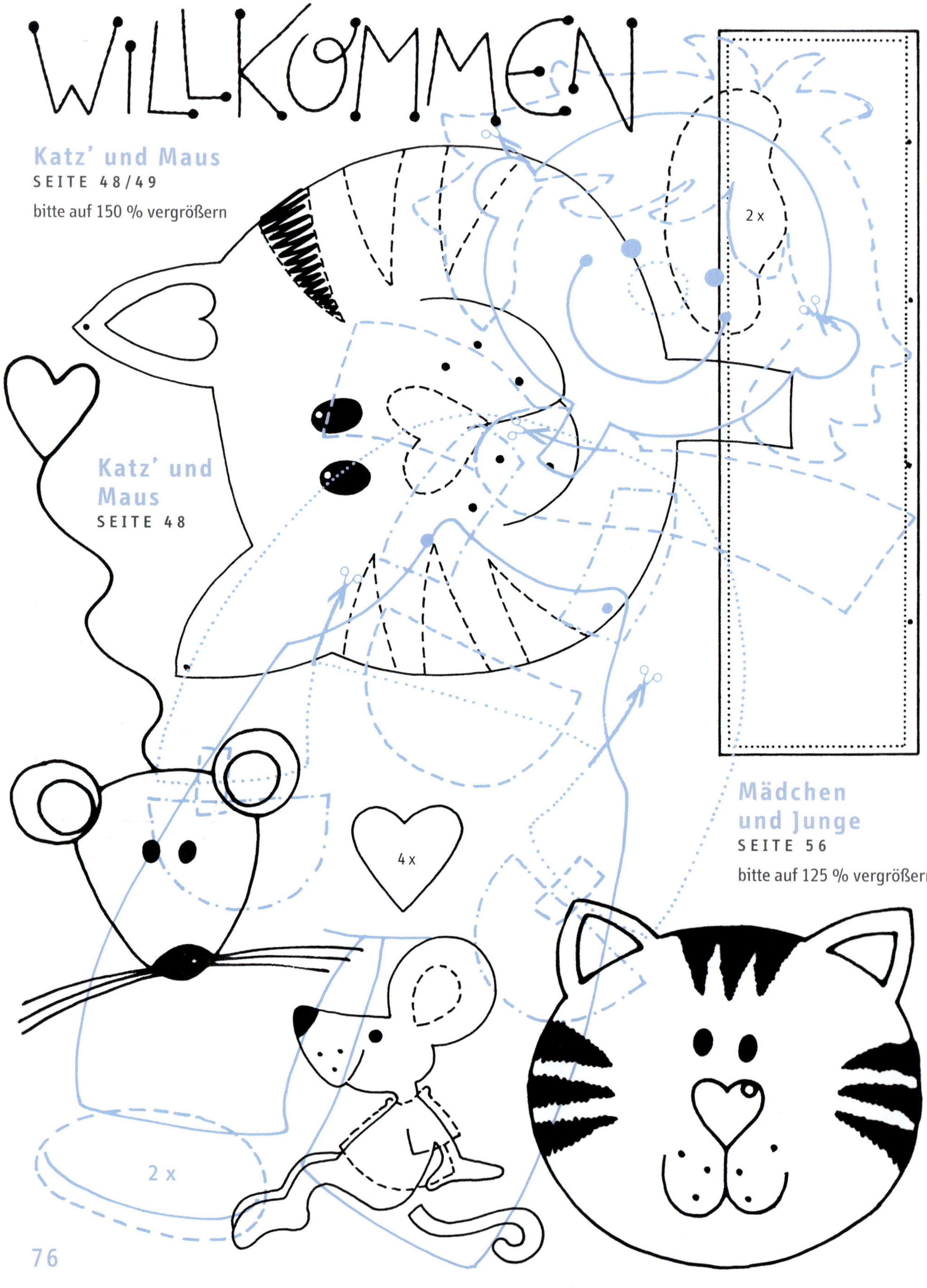

Katz' und Maus
SEITE 48/49
bitte auf 150 % vergrößern

Katz' und Maus
SEITE 48

Mädchen und Junge
SEITE 56
bitte auf 125 % vergrößern

Silberdraht
2 x
Herzchen-Allerlei
SEITE 51
bitte auf 200 % vergrößern
2 x
2 x

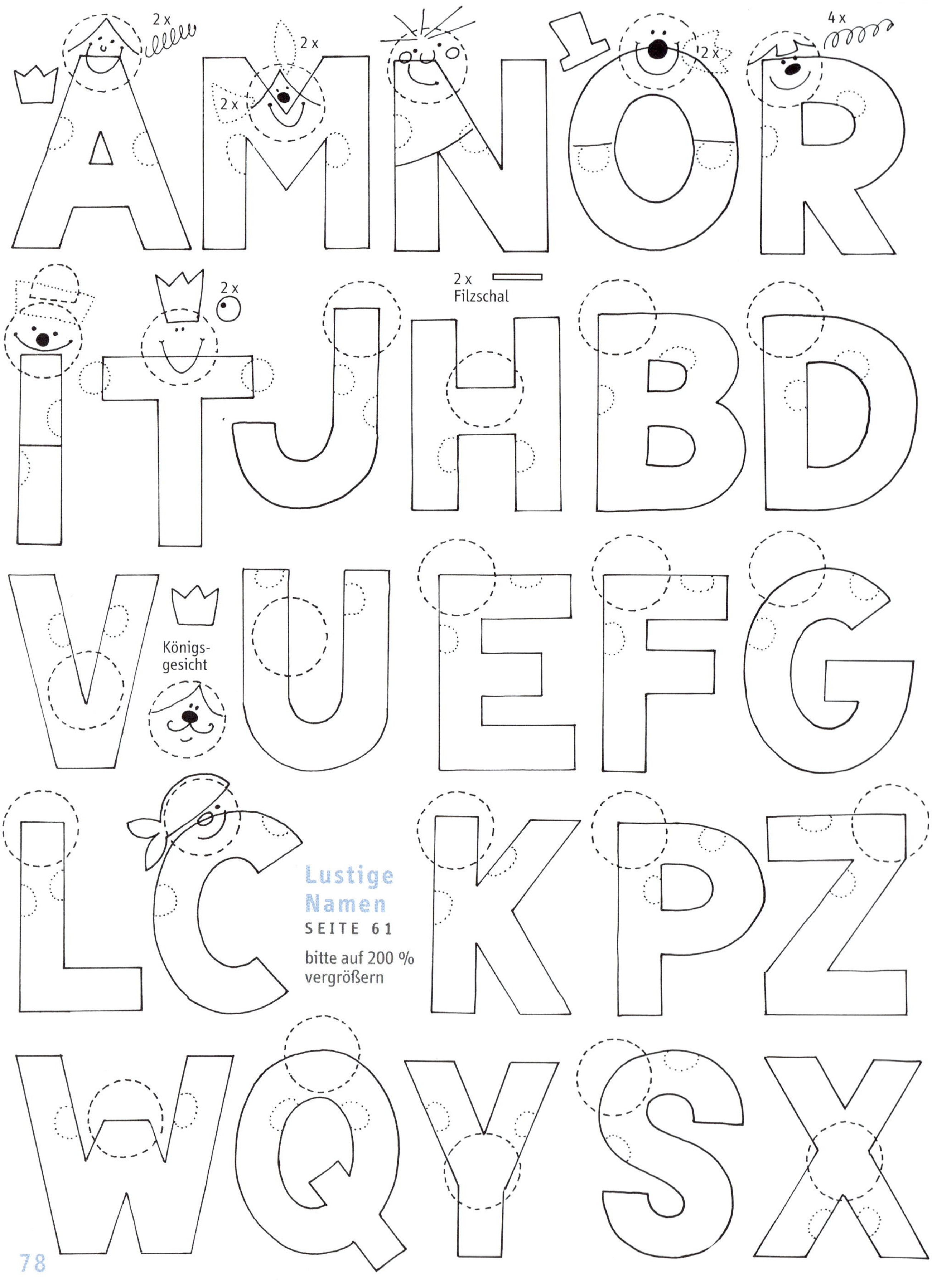

Lustige Namen
SEITE 61

bitte auf 200 % vergrößern

Witzige Uhr

SEITE 55

bitte auf 200 % vergrößern

Gespenst

SEITE 63

bitte auf 150 % vergrößern

Lichtschäfchen

SEITE 59

bitte auf 200 % vergrößern

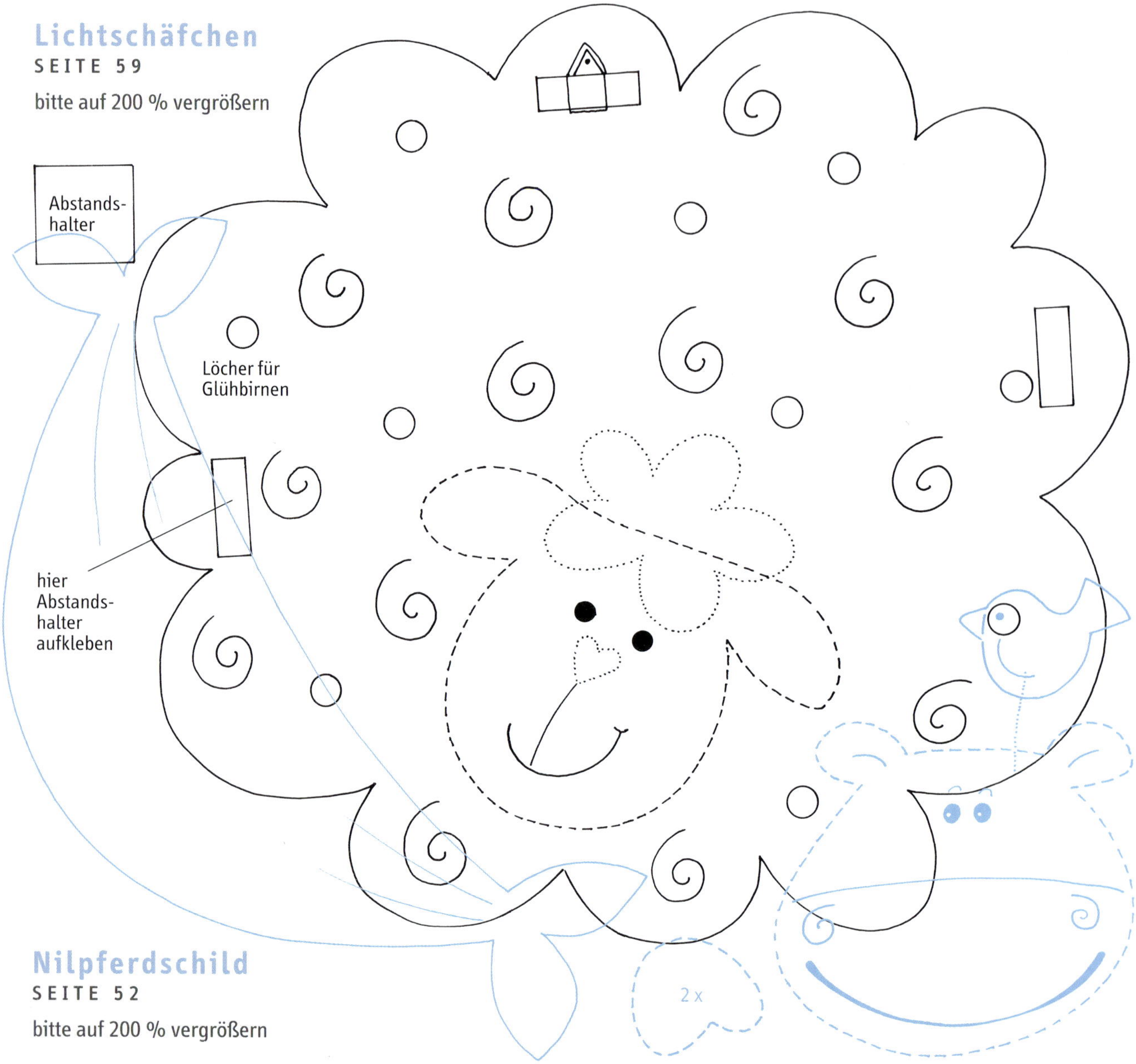

Nilpferdschild

SEITE 52

bitte auf 200 % vergrößern

IMPRESSUM

PROJEKTMANAGEMENT UND LEKTORAT: Monique Rahner

INTERVIEW: Monique und Markus Rahner

LAYOUT: Petra Theilfarth

FOTOS: frechverlag GmbH, 70499 Stuttgart; Fotostudio Ullrich & Co., Renningen

DRUCK UND BINDUNG: Finidr s.r.o., Cesky Tesin, Tschechische Republik

Auflage: 5. 4. 3. 2. 1.
Jahr: 2010 2009 2008 2007 2006 [Letzte Zahlen maßgebend]

ISBN 10: 3-7724-5251-5
ISBN 13: 978-37724-5251-2
Best.-Nr. 5251

TINA
MARCO